内蒙古社会科学基金项目社会科学普及专项重点项目成果

# 内蒙古红色文化资源

李莲娣　编著



远方出版社

**图书在版编目（CIP）数据**

内蒙古红色文化资源 / 李莲娣编著. -- 呼和浩特 ：远方出版社，2022.12（2024.4 重印）

ISBN 978-7-5555-1800-6

Ⅰ. ①内… Ⅱ. ①李… Ⅲ. ①革命纪念地－介绍－内蒙古 Ⅳ. ① K878.2

中国版本图书馆 CIP 数据核字（2022）第 239925 号

**内蒙古红色文化资源**

NEIMENGGU HONGSE WENHUA ZIYUAN

| | |
|---|---|
| **编　　著** | 李莲娣 |
| **责任编辑** | 奥丽雅 |
| **封面设计** | 李鸣真 |
| **版式设计** | 韩　芳 |
| **出版发行** | 远方出版社 |
| **社　　址** | 呼和浩特市乌兰察布东路 666 号　邮编 010010 |
| **电　　话** | （0471）2236473 总编室　2236460 发行部 |
| **经　　销** | 新华书店 |
| **印　　刷** | 内蒙古达尔恒教育出版发展有限责任公司 |
| **开　　本** | 880 毫米 ×1230 毫米　1/32 |
| **字　　数** | 196 千 |
| **印　　张** | 9.5 |
| **版　　次** | 2022 年 12 月第 1 版 |
| **印　　次** | 2024 年 4 月第 2 次印刷 |
| **印　　数** | 1 901—2 200 册 |
| **标准书号** | ISBN 978-7-5555-1800-6 |
| **定　　价** | 55.00 元 |

# 前　言

在我们一生的时光里，很多记忆、事物都随着历史的车轮湮没在滚滚长河之中。然而，始终有不灭的符号屹立于岁月长河，亘古长存，历久弥新，那就是红色文化资源所承载的精神与品格。

习近平总书记指出，“红色是中国共产党、中华人民共和国最鲜亮的底色。”[1] 红色文化作为中华优秀文化的重要组成部分，是中国共产党领导中国人民在革命、建设和改革的伟大实践中创造、积累的先进文化。红色文化资源是我们党艰辛而辉煌的奋斗历程的见证，是最宝贵的精神财富。

内蒙古自治区是在中国共产党的领导下成立的第一个少数民族自治区，革命历史悠久，红色文化积淀深厚、丰富多彩。初步统计，目前全区有不可移动革命文物400余处，博物馆馆藏可移动革命文物10万余件。

[1] 《用好红色资源 赓续红色血脉 努力创造无愧于历史和人民的新业绩》，《求是》，2021 年第 19 期。

在中国共产党的领导下，在这片辽阔的土地上，内蒙古人民勠力同心，浴血奋战，用鲜血和生命铸就了一个个精神高地，树立了一座座红色丰碑，成为中国共产党红色基因和精神族谱的重要组成部分。在进行革命、建设、改革和实现中华民族伟大复兴的伟业中，内蒙古人民不畏牺牲、攻坚克难，涌现出一批批风流人物、时代英雄，诞生了一个又一个真实、生动、立体、感人的中国故事。

内蒙古自治区拥有丰富的、极具纪念意义的红色文化资源。这一处处满载着光荣革命历史、民族团结和红色精神的红色旅游景点、纪念场馆、革命遗址遗迹及文化遗存等，生动地再现和反映了中国共产党史、新中国史、改革开放史及社会主义发展史，成为当地的文化地标和红色名片，成为弘扬中华优秀文化，传承红色基因，赓续红色血脉，开展红色文化教育的良好素材，在全区的红色文化教育事业中发挥着不可或缺的重要作用。

珍贵的“红色家底”让红色记忆有迹可循。近年来，随着党史学习教育深入开展，内蒙古红色文化资源的挖掘与传播取得了可喜成绩。红色场馆生动鲜活，红色故事见微知著，红色演绎直抵人心，一幅幅图片、一件件实物、一个个故事直观地将革命先辈筚路蓝缕、风雨兼程的奋斗过程展现在大家面前。看一本红色文学，参观一场红色主题的展览，走一段红色旅游线路……人们寻找红色印迹，聆听红色故事，在接受红色文化浸润的同时，更加全面地认识和了解内蒙古的光荣革命历史，并且在对历史的深入思考中汲取智慧和力量。

习近平总书记指出，“一切向前走，都不能忘记走过的路；走得再远、走到再光辉的未来，也不能忘记走过的过去，不能忘记为什么出发。”[1] 2022年3月5日，习近平总书记在参加十三届全国人大五次会议内蒙古代表团审议时强调：“内蒙古的今天是各族群众共同奋斗的结果，内蒙古的明天仍然需要各族群众团结奋斗。”[2] 因此，保护和利用内蒙古红色文化资源，对于内蒙古各族人民坚定文化自信、维护民族团结、铸牢中华民族共同体意识具有非常重要的意义。

内蒙古丰厚的红色文化资源是红色文化的重要载体。编者在对内蒙古的红色文化资源进行深入挖掘及研究的基础上，编著了这本《内蒙古红色文化资源》，以期充分利用红色文化资源，用心激活红色基因，用情讲好红色故事，用力传承红色精神，从而有效实现红色文化资源保护和持续利用，实现革命传统教育、红色教育大众化、常态化发展。

根据内蒙古自治区红色文化资源的不同类型，本书共分6章，主要介绍在中国共产党领导内蒙古地区革命斗争的历史中遗留下来的重要机构旧址、革命历史遗址遗迹，重要党史人物在内蒙古进行革命活动的故居、旧居、活动地，中华人民共和国成立

[1]　《用好红色资源 赓续红色血脉 努力创造无愧于历史和人民的新业绩》，《求是》，2021 年第 19 期。

[2]　《习近平在参加内蒙古代表团审议时强调 不断巩固中华民族共同体思想基础 共同建设伟大祖国 共同创造美好生活》，《人民日报》，2022 年 3 月 6 日 1 版。

以来建立的纪念馆、党史馆、博物馆及烈士陵园等纪念设施和以此为依托形成的红色文化旅游经典景区，以及早期革命刊物、红色题材文学作品。本书以图文并茂、简明生动的形式，较为系统地介绍了70余处内蒙古红色文化资源的历史背景、沿革、价值及红色革命故事，以及早期革命刊物、红色题材文学作品。

在迈上全面建设社会主义现代化国家新征程中，为迎接党的二十大胜利召开，编者以研究内蒙古红色文化资源为目的编撰《内蒙古红色文化资源》一书，为弘扬内蒙古红色文化、铸牢中华民族共同体意识、书写新时代内蒙古高质量发展新篇章贡献绵薄之力。

囿于编者的学识与水平，本书难免有不足之处，敬请各位读者批评指正。

# 目录

## 第一章　重要机构旧址

## 第三章　重要事件、重大战役战斗遗址

## 第四章 纪念馆、纪念园等纪念设施

## 第五章　博物馆等红色场馆及红色文化旅游景区

## 第六章　早期革命刊物、红色题材文学作品

# 第一章　重要机构旧址

## 中共绥远工委旧址（巧尔气召）
### ——内蒙古红色星火在这里燎原

中共绥远工委旧址（巧尔气召）位于呼和浩特市玉泉区五十家街。

1925年，中共北方党组织在内蒙古地区建立了热河、察哈尔、绥远和包头4个工作委员会。中共绥远工委设在巧尔气召西跨院。这是在内蒙古地区较早成立的中共党组织，对党领导内蒙古地区乃至北方地区革命工作发挥了重要作用。

五卅运动爆发后，中共绥远工委组织发动以爱国学生为主体，并有工人、市民、商人和农民参加的一次规模较大的反帝爱国运动。

中共绥远工委派人员到归绥周围的农村广泛开展农民运动，建立农民协会；在产业工人和手工业工人中开展工运工作，成立工人夜校。这些群众组织的建立，有力地推动了革命斗争迅速发展。

巧尔气召外景

【文物简介】

巧尔气召是一座佛教寺院，“巧尔气”是藏语音译，也译为“绰尔济”“却尔齐”。该寺院建于清康熙六十一年（1722年），名为“延禧寺”。

巧尔气召西跨院曾经是一座四合院，现存正房3间，西厢房3间。20世纪90年代，巧尔气召在旧城改造过程中迁至土默特左旗台阁牧镇达尔架村。

1964年，巧尔气召革命遗址被内蒙古自治区人民政府公布为自治区第一批重点文物保护单位；2022年，呼和浩特巧尔气召入选内蒙古自治区第一批不可移动革命文物名录。

## 中共包头工委旧址（福徵寺）

——包头的革命星火在这里点燃

中共包头工委旧址（福徵寺）位于包头市东河区召拐子街12号。

从明朝中叶开始，今包头一带就是蒙古族土默特部落的游牧地。清末，位于北梁地区的福徵寺成为包头地区的中心。

1925年春，共产党员李裕智受中共北方区委派遣来到包头，秘密建立中共包头工委，并将工委机关设在福徵寺，在包头点燃了革命斗争的熊熊烈火。

中共包头工委是在内蒙古地区较早成立的中国共产党的工作委员会之一，也是中国共产党在包头地区进行革命活动的秘密联系点。中共包头工委成立后，李裕智组织的马克思主义学习小组吸收了50余名工人参加，先后发展共产党员和共青团员30余名。

中共包头工委旧址是中国共产党在内蒙古进行革命斗争、开展工人运动的革命遗址，具有重要的研究价值。

【文物简介】

福徵寺，约建于清康熙年间，坐落于包头老城北梁高地。由于有了召庙，当地百姓把这一带俗称“召梁”。

福徵寺坐北朝南，现存一进三院，占地面积约7000平方米，建筑面积806平方米。

福徵寺原本为“巴氏家族”的家庙，后成为联谊、会商之

福徵寺东院旧址原貌

福徵寺现貌

所。中共包头工委将机关设在福徵寺东小院后，这里成为革命同志传递消息、秘密活动的场所。

2005年，福徵寺重修，基本保存了原布局。2006年，福徵寺被内蒙古自治区人民政府公布为自治区第四批重点文物保护单位。

## 巴图湾革命旧址

——爱国统一战线的重要文物

巴图湾革命旧址位于鄂尔多斯市乌审旗无定河镇巴图湾村。1934年，中共乌审旗工委成立，归中共陕北特委领导，是在鄂尔多斯地区建立的旗县级党组织。

当时，中共乌审旗工委的主要任务是在当地搞统一战线工作，宣传党的政策。1937年2月，中共乌审旗工委组织参观团赴延安参观，受到延安各界人士的欢迎。毛泽东、朱德、林伯渠等中央领导人亲切会见参观团一行。此次赴延安参观不仅使很多蒙古族革命青年向往延安，更重要的是让党的民族政策更加深入人心。1940年，中共乌审旗工委为了彻底粉碎国民党反动派对陕甘宁边区的经济封锁，在巴图湾等地发动军民开展生产运动。巴图湾是无定河、纳林河和海流图河三河交汇之处，土质肥沃，水源丰足，宜于耕种。边区军民在巴图湾种植粮食和经济作物，对解决衣食和经费问题起到重要作用。

1947年3月，中共乌审旗工委带领所属西乌审保安部队撤退至陕北靖边县。1949年7月，中共乌审旗工委改建为中共乌审旗委员会，驻达布察克王府。9月，国民党乌审旗政府协理札萨克奇玉山发动武装叛乱，扣押乌审旗委及伊盟军区二支队的军政领导和工作人员，旗委副书记石玉山牺牲。中共乌审旗委员会和刚成立不久的乌审旗人民政府遭到严重破坏。11月，乌审旗恢复旗委，机关设在巴图湾村二湾。1950年春，中共乌审旗委机关离开巴图湾。3月，中共乌审旗委第二次进驻达布察克王府。

**【文物简介】**

巴图湾革命旧址是具有纪念意义的革命建筑，包括巴图湾革命旧址、中共乌审旗委办公地旧址。旧址建于二十世纪三四十年

中共乌审旗委办公地旧址

代，是典型的陕北地区的窑洞。

巴图湾革命旧址位于乌审旗无定河镇巴图湾村五小队，窑洞共计20间，现已废弃。在解放战争时期，这里曾是巴图湾村民兵检查站办公驻地，巴图湾村民兵站岗放哨、维持治安秩序、传递情报，并且配合西乌审部队参加抗敌战斗。

中共乌审旗委办公地旧址位于乌审旗无定河镇巴图湾村六社二湾，有窑洞11间。

2014年，巴图湾革命旧址被内蒙古自治区人民政府公布为自治区第五批重点文物保护单位；2022年，入选内蒙古自治区第一批不可移动革命文物名录。

## 绥西抗日动委会旧址

——可歌可泣大青山

绥西抗日动委会旧址位于呼和浩特市武川县得胜沟乡毛林坝村西南的灯笼素村。

1938年7月，第二战区民族革命战争战地总动员委员会（简称“战动总会”），在山西省岢岚县组建了晋察绥边区工作委员会。随八路军一二〇师大青山支队一同挺进绥远敌占区以后，晋察绥边区工作委员会以部队开辟的游击区为基地，广泛开展抗战动员工作和动员委员会的组织和建设工作。在绥远沦陷区抗日民主政权尚未建立以前，晋察绥边区工作委员会代行政权职能，通过统一战线的形式，组建了各级战地动员委员会，简称“动委会”。动委会的任务是动员、组织、武装群众参加抗战，支援抗战。经过一年多的工作，到1939年9月底，大青山抗日游击根据

绥西抗日动委会驻地旧址

地的各级动委会相继建立起来。

1938年10月，晋察绥边区工作委员会在萨拉齐县巴总窑子村成立了绥西动委会。12月，在绥西武归县的玻璃哈达村成立了武归县八区动委会，下设武装部、分配部及总务处。在武归县八区动委会的领导下，很快建立了9个乡动委会，选举产生了乡动委会主任、副主任，并设立了相应的办事机构。武归县八区动委会形成了一个比较健全的抗战动员领导机构，初步发挥了抗日民主政权的作用。后来，武归县八区动委会移驻灯笼素村，大力宣传全民抗日，许多热血青年来灯笼素村报名参加八路军，很快便成立了八区游击队。

1940年初，绥西和大青山区的抗战斗争展现出新局面，各地抗日武装力量蓬勃发展，各级动委会从政治宣传到征集抗战物资都发挥出积极作用。同年3月，根据党中央逐步将动委会过渡到抗日民主政权的指示，八区动委会改为八区政府，驻扎在灯笼素村，后移驻李齐沟村。

**【文物简介】**

绥西抗日动委会旧址，坐北朝南，有2间简易土房和1间草棚，总体建筑面积为30平方米。正房西南处有1间简易草棚，现已坍塌。

2006年，绥西抗日动委会旧址被内蒙古自治区人民政府公布为自治区第四批重点文物保护单位；2022年，入选内蒙古自治区第一批不可移动革命文物名录。

## 绥蒙各界抗日救国会旧址（呼和浩特财神庙）
### ——内蒙古重要革命史迹

绥蒙各界抗日救国会旧址（呼和浩特财神庙）位于呼和浩特市玉泉区玉泉二巷11号，与玉泉井毗邻。

1939年，为了进一步加强对绥远敌占区群众抗日救亡运动的领导，支持大青山抗日游击根据地的斗争，发展壮大归绥市地下党组织力量，领导归绥人民进行隐蔽斗争，中共绥远省委派绥远地区地下党刘洪雄、郝登鸿等同志进入归绥市，在中共归绥工委的领导下开展抗日救亡运动。刘洪雄、宁德青、张克敏等同志成立了群众性抗日团体——绥蒙各界抗日救国会，总部设在财神庙内。

1940年初，绥蒙各界抗日救国会发展会员200余人，成为绥远地区一支重要的抗日力量，支援大青山抗日游击根据地的斗争，为团结反抗日本帝国主义做出了贡献。

1940年2月，中共归绥工委选送6名进步学生奔赴延安学习，这一情况引起日伪特务机关的注意。中共党员刘洪雄、贾恭敏，爱国师生和民主人士魏达贤、郑化国、段履庄等190多人被捕入狱，其中100多人牺牲。1941年，敌人将28名会员判刑后转送张家口监狱关押，绥蒙各界抗日救国会遭到彻底破坏。绥蒙各界抗日救国会虽然只持续了一年多，但影响深远、意义重大，展现了呼和浩特地区人民群众在中国共产党的领导下英勇抗日的英雄气概，在内蒙古抗日斗争史上写下了光辉篇章。

绥蒙各界抗日救国会旧址

【文物简介】

呼和浩特财神庙是一座两进制四合院建筑，由大殿、左右配殿、献殿、两侧厢房、山门及戏台组成，总占地面积2410平方米。它不仅是一座庙宇，更是重要的革命遗迹，绥蒙各界抗日救国会就设在这里。

2006年，呼和浩特财神庙被内蒙古自治区人民政府公布为自治区第四批重点文物保护单位；2020年，绥蒙抗日救国会旧址纪念馆入选第三批国家级抗战纪念设施、遗址名录。

## 中共锡察巴乌工委驻地旧址（贝子庙）

——百年古刹的辉煌过往

中共锡察巴乌工委驻地旧址（贝子庙）位于锡林郭勒盟锡林浩特市宝力根街道办事处贝子庙广场北侧。

贝子庙是内蒙古中西部地区的藏传佛教寺庙，气势恢宏，构造精美，错落有致。青灰的屋顶、朱红的墙壁仿佛在诉说着这座百年古刹的辉煌过往。

1946年4月6日，受内蒙古自治运动联合会派遣，中共党员云世英、潮洛濛等18人到达贝子庙与旺楚克丹巴、赛音吉雅等人会合，在贝子庙建立了锡林郭勒盟历史上第一个中共党支部，领导锡林郭勒盟民族解放运动。9月下旬至11月，内蒙古自治运动联合会由张家口北撤至贝子庙，经中共中央批准，成立了以乌兰夫为书记的内蒙古党委。其间，内蒙古党委在此召开一系列会议，先后成立中共锡察工委和巴乌工委。1947年7月，中共锡察工委和巴乌工委合并，成立中共锡林郭勒、察哈尔、巴彦塔拉、乌兰

中共锡察巴乌工委驻地旧址（贝子庙）

察布工作委员会（简称“中共锡察巴乌工委”），驻地设在贝子庙新拉布仁殿。

中共锡察巴乌工委在这里领导各级党组织和广大军民加强武装建设，坚持对敌斗争，消灭土匪，维持秩序；开展民主改革，进行政权建设，恢复并发展经济。1948年底，锡、察两盟解放；1949年2月，中共锡察巴乌工委撤销，锡察地区党的各项工作分别由锡、察两盟工委直接负责。至此，中共锡察巴乌工委光荣完成历史使命。

贝子庙历史图片

中共锡察巴乌工委从成立到撤销的两年多时间里，领导锡察巴乌地区的革命干部和群众建立革命根据地，组织地方武装力量，配合人民解放军坚持武装斗争，用青春和生命谱写出一首首惊天动地的壮丽诗篇，为内蒙古地区乃至全国的解放运动做出了重大贡献。

**【文物简介】**

贝子庙始建于清乾隆八年（1743年），乾隆皇帝赐庙名“崇善寺”，后经嘉庆、道光、光绪年间6次大的扩建，形成占地1.2平方公里的古代建筑组群。贝子庙有朝克沁殿、却日殿、明干

保护标志

殿、珠都巴殿、丁克尔殿及新拉布仁殿等。贝子庙以历史久远、建筑艺术构制独特、民族文化底蕴丰厚和学部设置齐备而闻名，为内蒙古中西部地区四大藏传佛教寺庙之一，对各族文化的交流与发展具有重要意义。

贝子庙是中共锡察巴乌工委机关所在地，是内蒙古重要的革命根据地。中国共产党在这里培养了大批革命干部。

2006年，贝子庙被国务院公布为第六批全国重点文物保护单位；现为国家AAAA级旅游景区。

## 察哈尔盟第一个党支部诞生地旧址

### ——矗立在道英海日罕的丰碑

察哈尔盟第一个党支部诞生地旧址位于锡林郭勒盟正蓝旗宝绍岱苏木恩格尔嘎查道英海日罕。

1945年11月，中国共产党领导的内蒙古自治运动联合会在察哈尔省张家口成立，内蒙古各盟旗的代表参加了成立大会。大会听取乌兰夫的政治报告，选举乌兰夫为内蒙古自治运动联合会主席。1946年春，内蒙古自治运动联合会派遣共产党员苏剑啸、陈炳宇等同志到察哈尔盟开展工作。在他们筹备内蒙古自治运动联合会察哈尔盟分会时，内蒙古自治运动联合会从内蒙古行政学院派出由方杰、葛瓦、潮洛濛、云世英等人组成的锡察工作团前往明安旗道英海日罕，双方共同领导、组建了察哈尔盟分会和察盟民主政府。1946年3月，在道英海日罕召开了察盟人民代表大会，成立了内蒙古自治运动联合会察盟分会和民主政府。4月

察哈尔盟第一个党支部诞生地旧址纪念碑

1日，中国共产党在察哈尔盟建立了第一个基层组织——中共道英海日罕党支部。陈炳宇任支部书记，方杰、苏剑啸任委员。这是察哈尔盟历史上有文献记载的第一个中共党组织。党支部成立后，很快吸收了一批进步青年入党。此后，察哈尔盟各地陆续建立起党小组并发展了相当数量的党员，实现了旗有党支部、苏木有党员，保障了察哈尔盟地区革命斗争和建设发展的需要。

中共道英海日罕党支部的建立，为察哈尔盟建党建政及各项工作的顺利开展指明了方向。党在察哈尔盟的工作轰轰烈烈地开展起来，为保卫锡察解放区和各级新生政权提供了坚强的保障，为取得革命胜利和民族解放奠定了坚实的基础。

**【文物简介】**

为纪念察哈尔盟第一个党支部的丰功伟绩，缅怀为锡察解放区解放事业而英勇战斗的革命先烈，中共正蓝旗委、正蓝旗人民政府在恩格尔嘎查道英海日罕建立了察哈尔盟第一党支部纪念馆。

察哈尔盟第一党支部纪念馆于2014年7月建成并开馆，占地面积5400平方米，分主展厅和附属建筑两部分。纪念馆通过陈列和展示反映察哈尔盟革命斗争的有关历史资料、图片及实物等，缅怀长眠于此的革命先烈，在后辈心中树立旗帜，点亮明灯，矗立丰碑。

## 兴安镇党支部旧址

——兴安地区的革命火种在这里点燃

兴安镇党支部旧址位于兴安盟科尔沁右翼前旗巴拉格歹镇兴安村。

巴拉格歹镇是兴安盟建党建政较早的革命老区之一，兴安盟第一个努图克（乡）民主政府——巴拉格歹努图克政府、农村第一个党的基层组织——兴安镇党支部均在这里诞生。

1943年，八路军交通总站联络员刘建民到巴拉格歹兴安村在抗联分队中发展党员，并成立党小组，革命的火种在这里点燃。

1946年9月1日，经党组织批准，在巴拉格歹努图克兴安镇建立了兴安盟农村第一个党的基层组织——兴安镇党支部。后来，人们习惯将兴安镇党支部称为“兴安红色第一村党支部”。

兴安镇党支部成立后，组织党员深入群众，宣传党的政策。随着兴安镇党支部工作的深入，兴安盟各努图克（乡）陆续建立了党组织，为兴安地区取得革命胜利奠定了基础。

兴安镇党支部旧址

兴安农村第一党支部纪念馆

【文物简介】

兴安镇党支部旧址因年久失修已被损毁。为弘扬革命精神和优良传统，2007年，巴拉格歹办事处党工委和兴安村党支部在原址按原貌复建了兴安镇党支部旧址，总占地面积8万平方米，并于2020年进行全面升级。兴安农村第一党支部纪念馆以重大历史事件为轴，阐述了中国共产党在兴安地区开展土地革命、播撒革命火种的红色历史，记录了兴安农村第一党支部带领广大人民群众自力更生、艰苦奋斗的历程。

## 中国共产党内蒙古工作委员会办公旧址

——见证中国共产党在内蒙古地区发展壮大

中国共产党内蒙古工作委员会办公旧址位于兴安盟乌兰浩特市兴安北路14号。

在内蒙古自治政府成立前，内蒙古中、东部地区先后组建了党的工作委员会，党的队伍发展壮大。中共中央在决定成立内蒙古自治政府时，就决定要在内蒙古成立中国共产党的领导机关。

1947年3月14日，乌兰夫在致电中央请示内蒙古的工作时提议，成立内蒙古党委，统一领导内蒙古的工作，受东北局领导。3月23日，中共中央在对内蒙古自治问题的指示中提出：“目前内蒙党的领导机关，可成立内蒙工作委员会，即以云泽（乌兰夫）同志为书记，受东北局或西满分局领导。”4月1日，中共中央东北局在《关于内蒙自治问题的意见》中提出：“现在即组内蒙共产党工作委员会……受东北局领导。”4月20日，中共中央《关于内蒙工作的指示给东北局并转云泽电》中指出：中共“内

中国共产党内蒙古工作委员会办公旧址外景

蒙古工作委员会应即成立，直接由东北局领导”。5月26日，中共中央东北局作出《云泽等九同志为内蒙古工委委员的决定》，成立内蒙古共产党工作委员会，任命乌兰夫为内蒙古共产党工作委员会书记。7月1日，内蒙古共产党工作委员会正式组成。7月9日，在王爷庙举行的群众大会上，乌兰夫宣布内蒙古共产党工作委员会成立。

内蒙古共产党工作委员会的成立标志着中国共产党对内蒙古革命的领导地位得到了确定，内蒙古党组织开始形成坚强、统一的集体。内蒙古共产党工作委员会的成立受到内蒙古地区各族人民的热烈拥护，表明中国共产党领导的内蒙古革命进入一个新的发展阶段。

在中国共产党的领导下，内蒙古共产党工作委员会带领内蒙古各族人民建立了党的各级组织和民主政权，成功进行了土地改革、剿匪斗争和牧区民主改革、恢复和发展生产，支援东北解放战争，为内蒙古民族解放事业和夺取东北解放战争的全面胜利做出了历史性贡献。1949年12月13日，中共中央决定撤销内蒙古共产党工作委员会，成立中共中央内蒙古分局，隶属于中共中央华北局领导，乌兰夫任分局书记，内蒙古分局机关迁至张家口。内蒙古共产党工作委员会圆满完成了它的历史使命。中国共产党内蒙古工作委员会办公旧址见证了中国共产党领导内蒙古地区革命与建设的光辉历程。

**【文物简介】**

中国共产党内蒙古工作委员会办公旧址（内蒙古共产党工作委员会办公旧址）始建于1934年，坐北朝南，为砖瓦结构二层起脊楼房，建筑面积为1881.08平方米，占地面积2356平方米。

1946年初，中共东蒙工作委员会在此办公。1947至1949年，内蒙古共产党工作委员会在此办公。1956年以后，内蒙古共产党工作委员会旧址成为中共科尔沁右翼前旗委员会办公楼；1969年后，成为中国人民解放军三五二医院门诊楼。

2009年，中国共产党内蒙古工作委员会办公旧址被中宣部公布为第四批全国爱国主义教育示范基地；2013年，被国务院公布为第七批全国重点文物保护单位；2022年，入选内蒙古自治区第一批不可移动革命文物名录。

## 内蒙古自治政府办公旧址

——民族团结教育重要基地

内蒙古自治政府办公旧址位于兴安盟乌兰浩特市兴安北路，

原址位于兴安北路西侧，现址在兴安北路东侧。

1947年5月1日，内蒙古自治政府在王爷庙（今乌兰浩特市）宣告成立，中国共产党领导下的我国第一个省级少数民族自治政府诞生。乌兰夫当选为内蒙古自治政府主席，哈丰阿当选为副主席。2日，举行了内蒙古自治政府成立典礼。3日，召开内蒙古自治政府第一次委员会议，确定了自治政府各部门负责人。会议作出决议，决定5月1日为内蒙古自治政府成立纪念日，内蒙古自治政府所在地暂设在兴安盟王爷庙街。12月1日，王爷庙街改称乌

重建后的内蒙古自治政府办公旧址

兰浩特（意为红色的城市）。

内蒙古自治政府的主要领导人乌兰夫、哈丰阿、特木尔巴根、刘春等都曾在这里主持并领导工作。1949年，内蒙古自治政府迁往张家口。

这座办公楼见证着内蒙古地区民族解放与民族团结事业的发展，是人们了解内蒙古革命历史、进行民族团结教育的重要基地。

**【文物简介】**

内蒙古自治政府办公旧址始建于1939年，1947年5月至1949年12月，成为内蒙古自治政府办公地；之后，成为科尔沁右翼前旗人民政府、科尔沁右翼前旗革命委员会和中共乌兰浩特市委办公场所；1983年停用。

1987年，中共兴安盟委决定将内蒙古自治政府办公旧址易地按原貌重建。新址选在乌兰浩特市兴安北路东侧，坐东朝西，总面积1800平方米。

2009年，内蒙古自治政府办公旧址被中宣部公布为第四批全国爱国主义教育示范基地；2022年，入选内蒙古自治区第一批不可移动革命文物名录。

## 内蒙古日报社旧址

——内蒙古革命史留下的深深印记

内蒙古日报社旧址位于兴安盟乌兰浩特市兴安北路西侧，今科尔沁右翼前旗人民医院院内，是一处简朴的旧式建筑。

《内蒙古日报》是中国共产党在少数民族地区创办的最早的

毛泽东主席题写的《内蒙古日报》报名

省级党报。1946年，四三会议之后，内蒙古自治运动联合会东蒙总分会在王爷庙成立。1946年5月3日，《黎明报》（即内蒙古人民革命青年团的机关报，于1945年12月18日创办）更名为《群众报》。同年6月，该报与内蒙古自治运动联合会东蒙总分会机关报《东蒙新报》合并，统称《群众报》。在内蒙古自治运动迅速发展的形势下，为了进一步唤醒广大内蒙古人民群众，深入宣传中国共产党的各项方针政策，从1947年1月1日第60期开始，《群众报》改名为《内蒙自治报》，刊期顺延。1947年7月1日，内蒙古党工委决定将《内蒙古周报》与《内蒙自治报》合并为《内蒙自治报》。

内蒙古日报社旧址

1948年1月1日，《内蒙自治报》更名为《内蒙古日报》，成为内蒙古共产党工作委员会机关报，用汉、蒙两种文字出版发行。1949年11月，内蒙古日报社随内蒙古自治政府机关从王爷庙迁至张家口，原址由科尔沁右翼前旗人民医院使用。

1950年4月26日，毛泽东主席为《内蒙古日报》题写了报名，从1950年5月15日起沿用至今。

**【文物简介】**

内蒙古日报社旧址始建于1935年，坐北朝南，由4座建筑联体组成，建筑平面呈“山”字形，建筑总面积为2520平方米。

2006年，内蒙古日报社旧址被内蒙古自治区人民政府公布为自治区第四批重点文物保护单位；2022年，入选内蒙古自治区第一批不可移动革命文物名录。

## 内蒙古自治区政府一号办公楼旧址

——内蒙古重要的红色文化遗产

内蒙古自治区政府一号办公楼旧址位于呼和浩特市新城区新

内蒙古自治区政府一号办公楼旧址

华大街。

内蒙古自治区政府一号办公楼旧址，建筑造型朴实庄重，整体保存完整。作为自治区的行政中心，内蒙古自治区政府一号办公楼为自治区的建设和发展发挥了巨大的作用。

**【文物简介】**

内蒙古自治区政府一号办公楼旧址建成于1955年，至20世纪90年代，一直作为自治区人民政府办公场所。乌兰夫、孔飞等老一辈领导人曾在此办公，自治区财政厅、办公厅、公安厅等机关也曾先后将这里设为办公场所。

2006年，内蒙古自治区政府一号办公楼被内蒙古自治区人民政府公布为自治区第四批重点文物保护单位。

## 额济纳旗党政机关旧址（宝日乌拉）

——见证拥军爱民的历史壮举

额济纳旗党政机关旧址（宝日乌拉）位于阿拉善盟额济纳旗东风镇宝日乌拉嘎查南98公里处。

1949年9月27日，额济纳旧土尔扈特扎萨克郡王、防守司令部司令塔旺嘉布致电毛泽东主席、朱德总司令，宣布接受中央人民政府领导，额济纳土尔扈特旗获得和平解放。11月5日，额济纳旗自治区人民政府正式建立。1953年9月，额济纳旗自治区人民政府驻地由老西庙迁至赛汉陶来。1955年3月16日，在额济纳旗自治区一届二次人民代表大会上，宣布额济纳旗自治区更名为额济纳自治旗，驻地赛汉陶来。1956年5月16日，在额济纳自治旗一届三次人民代表大会上，宣布额济纳自治旗建制从1956年6

额济纳旗党政机关旧址（宝日乌拉）

月1日起划归内蒙古自治区巴彦淖尔盟辖属，并将额济纳自治旗更名为额济纳旗，额济纳旗人民政府由赛汉陶来迁至宝日乌拉。1958年初，宝日乌拉的土建工程基本完工，旗妇联、团委等部分机关迁至宝日乌拉。就在此时，接到了额济纳旗人民政府准备再次搬迁的通知。

1958年2月，毛泽东主席签署了在内蒙古自治区额济纳旗境内建立国防科研试验基地的决定。1958年5月12日，中共内蒙古自治区委员会、内蒙古自治区人民委员会相应做出决定：额济纳旗管理的区域向北迁移140公里，以便积极配合国防部门在额济纳旗宝日乌拉地区进行国防建设工程。

1958年6月，额济纳旗人民委员会决定停止已经开始实施的将全旗各机关迁往宝日乌拉的计划，主动放弃已经基本建成的新办公场所。1959年10月，额济纳旗人民政府迁到达来呼布。宝日乌拉办公地点的设施全部留在国防建设区域。

为了支持国防建设，从1958年5月到1969年4月，额济纳旗

保护标志

1173名牧民带着7万多头只牲畜，让出5万平方公里水草丰美的牧场，开始了历时12年的搬迁之路。12年间，他们走遍了额济纳旗的戈壁、草原。每到一处，如果草长得不好，水不能饮用，牧民们就要再寻找新的地方。整个行程超过6000公里。

民拥军，军爱民。在这场伟大的迁徙中，建设部队及时安排车辆帮助牧民运送物资，部队官兵为牧民在新居住地盖圈舍、打水井，帮助建设达来呼布，与额济纳旗人民建立起深厚的情谊。东风航天城自建成以来，每年都会派出医疗队深入额济纳旗的苏木和嘎查，走访牧民家庭，巡诊送药。每当遇到自然灾害，基地官兵总是身先士卒，在无情的水火面前，为额济纳旗人民筑起一道道牢固的安全防线。

**【文物简介】**

额济纳旗党政机关旧址（宝日乌拉）以南北路为中心，东西排列砖土木结构的房屋，现在房顶被揭开、无门窗，其他保存完整。2000年1月，第二十试验训练基地在旧址中心竖立了一座黑色的大理石石碑，正面刻有“内蒙古自治区额济纳旗党政机关旧址宝日乌拉”，背面刻有“根据党中央、国务院、中央军委指示，1958年5月12日中共内蒙古自治区党委作出决定：额济纳旗向北迁移140公里，以支援国防建设”。

留在国防建设区域的额济纳旗党政机关旧址，成为一处具有爱国主义教育意义的文物遗址。2006年，宝日乌拉额济纳旗政府旧址被内蒙古自治区人民政府公布为自治区第四批重点文物保护单位；2022年，入选内蒙古自治区第一批不可移动革命文物名录。

# 第二章　重要党史人物的故居、旧居、活动地

## 乌兰夫故居

——中国北疆的“红色摇篮”

乌兰夫故居位于呼和浩特市土默特左旗塔布赛乡塔布赛村，地处土默川平原，距旗政府所在地察素齐镇约30公里。

塔布，意思为“五”，因明末清初有汉蒙5户人家居住于此，遂得村名“塔布子”。1965年，经乌兰夫提议，将村名更为“塔布赛”，意为“五好”，寓意民族团结。

1906年12月23日，乌兰夫出生于内蒙古土默特旗（今土默特左旗）塔布村一个蒙古族家庭。乌兰夫的祖父母、伯父母、堂兄、父母及姐姐都居住在这一院落。少年时代的乌兰夫，在伯父的启蒙下开始读书识字，接受进步思想。受五四运动的影响，他在青少年时期就投身革命事业，成为“早期觉醒的蒙古族青年”的杰出代表。1923年，乌兰夫进入蒙藏学校学习，受李大钊等共产党人的引导和启发，开始接受马克思主义；12月，加入中国社会主义青年团。1925年4月，乌兰夫参与创办中国少数民族第一

乌兰夫铜像

份马列主义刊物《蒙古农民》；9月，转为中国共产党党员；10月，受党组织委派，赴苏联莫斯科中山大学学习；1929年6月回国。同年7月，乌兰夫参与组建中共西蒙工作委员会，先后担任组织委员、书记，并在内蒙古西部地区组织农民协会，传播革命火种，在严峻的形势下坚持革命斗争。

1931年，九一八事变后，日本帝国主义加紧对中国的侵略。1933年冬，乌兰夫回到归绥（今呼和浩特市），以教员身份为掩护秘密从事地下工作。1936年2月，他参与策动百灵庙抗日武装暴动，为建立党领导的抗日武装做出贡献。1937年初，乌兰夫利用组建蒙旗保安总队的机会，在保安总队内部建立了共产党地下委员会，并担任党委书记，秘密开展工作。抗日战争全面爆发后，蒙旗保安总队改编为蒙旗混成旅，乌兰夫担任政治部代理副主任。1938年5月，蒙旗混成旅改编为蒙旗独立旅。1939年6月，国民党军政将该旅扩编为国民革命军新编陆军第三师（简称“新三师”），白海风任师长，乌兰夫任政治部代理主任。

乌兰夫按照八路军建制，在新三军建立起一套政治制度，

**乌兰夫故居**

使这支部队在极为困难的情况下，仍能长期坚持抗日斗争。1941年8月，根据党中央决定，乌兰夫赴延安工作，担任延安民族学院教育长。在延安民族学院，他在承担繁重的领导和组织工作的同时，仍坚持亲自授课，为培养民族干部付出了极大心血。1945年，乌兰夫参加中国共产党第七次全国代表大会，并当选为中央委员会候补委员。

抗日战争胜利之际，党中央对内蒙古地区的工作进行新的部署，任命乌兰夫为绥蒙政府主席，率领大批干部回到内蒙古地区开展党领导的民族自治运动。1945年11月，内蒙古自治运动联合会成立，乌兰夫当选为联合会执行委员会主席兼军事部长，从

乌兰夫故居陈列室

此肩负起领导内蒙古自治运动的历史重任。1947年5月1日，内蒙古人民代表大会在王爷庙（今乌兰浩特市）召开，宣告在中国共产党领导下的少数民族自治政权——内蒙古自治政府成立，乌兰夫当选主席。1947至1949年，乌兰夫先后担任中共中央东北局委员、内蒙古共产党工作委员会书记、内蒙古自治政府主席、内蒙古军区司令员兼政委，成功领导了内蒙古自治政府的政权建设、军队建设、党组织建设、经济文化建设、农村土地改革和牧区的民主改革，广泛团结了内蒙古地区各民族和各阶层，使牧区生产得到迅速发展。

中华人民共和国成立后，乌兰夫先后担任中央人民政府委员，政务院委员、国防委员会委员，中央民族事务委员会党组书记、主任，中央民族学院院长，华北行政委员会委员，中共中央华北局副书记，中共中央内蒙古分局书记，绥远省人民政府主席，国务院副总理，内蒙古自治区党委第一书记，自治区人民委员会主席，内蒙古军区司令员兼政委，内蒙古大学校长，中共中央华北局第二书记，内蒙古自治区政协主席，第五届全国人大常委会副委员长，五届全国政协副主席，中共中央统战部部长，国家副主席等职。1955年，被授予上将军衔。乌兰夫还是中共七届候补中央委员，八届中央委员、政治局候补委员，十届中央委员，十一、十二届中央委员、政治局委员。

1988年12月8日，久经考验的共产主义战士，党和国家的优

保护标志

秀领导人，杰出的无产阶级革命家，卓越的民族工作领导人乌兰夫因病在北京逝世，享年82岁。乌兰夫的一生是光辉的一生，战斗的一生，是为各民族的团结进步贡献毕生心血的一生。

乌兰夫故居是乌兰夫同志诞生、成长和早期从事革命活动的地方。1941年，故居的部分房屋被日军焚毁，仅留3间正房。1991年10月，故居重新修缮，并正式对外开放。

【文物简介】

乌兰夫故居始建于清代，坐北朝南，包括正房、东西厢房、碾磨坊、粮仓房等，是具有20世纪初我国北方地区浓厚民俗特点的一处民居。1991年，修缮后的乌兰夫故居占地面积1900平方米，建筑面积630平方米，与原建筑等同。故居北面即为正房，有10间，东、西、南厢房26间。正房为生活用房；西厢房北半部分为住房，其余为粮仓房、草房和马厩；东厢房北半部分为碾磨坊，其余为粮仓房和马厩；南厢房为大门和伙房。

故居原建筑较少，因此在原生活住房设两个陈列室。陈列室展出文物、照片及文献资料等，还辅之展出土默特民俗用品。展览内容主要以乌兰夫在故居的活动为主，重点表现其成长历程和早期革命活动以及对故乡的深厚感情。

故居以正房为主体建筑，院落布局以硬化引路与院内草坪形成“田”字形状。在花草树木的衬托下，绿草如茵，生机盎然。乌兰夫同志半身铜像安放于故居大门南侧，周围鲜花环绕，背后翠柏挺拔。

2006年，乌兰夫故居被国务院公布为第六批全国重点文物保护单位；2022年，入选内蒙古自治区第一批不可移动革命文物名录。2016年，乌兰夫故居和纪念馆入选全国红色旅游经典景区名录。乌兰夫纪念馆旅游区现为国家AAAA级旅游景区。

## 贾力更烈士故居

——抗日英雄从这里走出

贾力更烈士故居位于呼和浩特市土默特左旗察素齐镇把什村。

贾力更（1907—1941），蒙古族，原名康富成，曾用名吉尔格勒、巴音巴图。贾力更是中国共产党在土默特地区的早期党组织领导人，是内蒙古著名的抗日英雄。2014年9月，民政部公布贾力更为全国第一批300名著名抗日英烈之一。

贾力更

1907年5月12日，贾力更出生于土默特旗把什村。1922年，贾力更进入土默特高等小学校读书，在新思想的影响下，成为学生运动的积极分子。1925年5月，考入蒙藏学校，在中国共产党北方区委领导人李大钊、邓中夏、韩麟符等同志的关怀及培养下，贾力更接受马克思主义，积极开展反帝爱国运动。不久后，贾力更加入中国共产党。

1926年初，贾力更同高布泽博、李春荣等人被选派至由毛泽东主办的第六期广州农民运动讲习所学习，9月结业。贾力更从广州返回北京，向中共北方区委汇报了学习情况。10月初，贾力更和高布泽博、王建功等人回到归绥。他们按照党的指示与国民党左派合作，贾力更和王建功担任了国民党绥远特别区党部农民部特派员。贾力更以自己家为办公地和地下工作据点，在土默特

贾力更故居外景

旗毕克齐、兵州亥、什报气等村建立农民协会，秘密发展了几十名会员。

1929年，党组织委派贾力更前往蒙古人民共和国党务学校学习。七七事变后，贾力更经党组织批准于1937年返回绥远建立抗日武装，点燃了土默特地区的抗日斗争烈火。1938年9月，贾力更与八路军大青山支队在土默川地区坚持地下斗争。

1939年9月，贾力更担任中共绥远省委委员、中共土默特蒙古工作委员会书记；同年，与李森、高凤英等组建了蒙古族抗

贾力更烈士纪念馆

日游击队，担任指导员。1940年初，中共绥西地委下设蒙民部，贾力更任部长；同年8月，任晋绥游击区行政公署驻绥察办事处（后改称绥察行政公署）蒙政处处长。1939到1941年，中共中央发出为绥远地区培养抗日骨干的重要指示，贾力更、奎璧等人先后送3批蒙古族青年前往延安。经过培养锻炼，他们都成为抗日战争和解放战争时期的领导骨干。贾力更为党培养少数民族干部做出了重要贡献。1941年，贾力更被绥远省委指定为中国共产党第七次全国代表大会代表。

1941年3月，贾力更带领一批青年赴延安学习，途中遭遇敌人伏击，在激战中不幸中弹牺牲，年仅34岁。中华人民共和国成立后，土默特旗人民政府在把什村后的狮子山下修建了革命烈士公墓，将贾力更烈士的遗体迁葬于公墓内。

2013年5月20日，贾力更烈士纪念馆在呼和浩特市土默特左旗察素齐镇把什村内落成开馆。

**【文物简介】**

贾力更烈士故居始建于清末，是抗日英雄贾力更同志出生、成长及早期从事革命活动的地方。故居属土默特地区传统民俗院落，坐北朝南。在正房中保留着当年为开展隐蔽斗争而挖掘的暗道，东屋展示了贾力更的生平事迹及文物。贾力更烈士半身雕像安放于院落中央。故居整体古朴庄严，令人肃然起敬。

1986年，土默特左旗政府对贾力更烈士故居进行修缮，恢复其原貌，并对外开放。同年5月，贾力更烈士故居被内蒙古自治区人民政府公布为自治区第二批重点文物保护单位。贾力更烈士故居是内蒙古自治区、呼和浩特市、土默特左旗三级开展爱国主义教育和革命传统教育的重要窗口。2022年，贾力更烈士故居入选内蒙古自治区第一批不可移动革命文物名录。贾力更烈士纪念馆红色旅游区现为国家AAA级旅游景区。

## 多松年烈士故居

——一代英豪，草原劲松

多松年烈士故居位于呼和浩特市新城区呼伦北路（原土默特左旗毫沁营乡麻花板村）。

多松年（1905—1927），蒙古族，蒙古族名为乌力吉图，乳名多寿，1905年出生于土默特旗麻花板村一户蒙古族农民家庭。1918至1923年，先后在归绥旧城石王庙小学、土默特高等小学读书。五四运动时期，多松年曾参加呼和浩特学生的反帝爱国运动。

1923年秋，多松年考入蒙藏学校。中共北方党组织在蒙藏学校开展工作后，多松年开始接触马克思主义，阅读了《共产党宣言》《新青年》等书刊，思考内蒙古的解放和中国革命问题。1924年，多松年由邓中夏、赵世炎同志介绍加入中国共产党并担任党支部书记，成为早期的蒙古族共产党员之一。

1925年4月，多松年与乌兰夫、奎璧共同创办了内蒙古第一个革命刊物——《蒙古农民》，宣传中国共产党的理论，揭露军阀、王公对内蒙古人民的压迫与剥削和帝国主义对内蒙古的侵略与掠夺。他参与了蒙藏学校学生反对蒙藏院取消学校官费和驱赶反动校长的斗争，还参与了五卅运动。1925年10月，受中共北方

多松年烈士故居

多松年

区委委派，赴苏联莫斯科中山大学深造。1926年秋，结业回国，担任中共察哈尔特别区工作委员会书记，领导这一地区的革命斗争。他深入农村牧区组织开展农牧民革命运动，组织成立了80多个农会，发展了中国共产党的基层组织，使察绥地区的革命斗争呈现蓬勃发展的局面。

1927年4月，中国共产党在武汉召开第五次全国代表大会，多松年作为热河、察哈尔、绥远3个地区的代表参加大会。8月初，多松年回内蒙古开展工作。为传达中共五大精神，布置隐蔽工作，营救被捕同志，他只身返回张家口，不幸被捕。在狱中，多松年受尽折磨，但宁死不屈，表现出一个共产党员的浩然正气和铮铮铁骨。多松年被残忍杀害于张家口，年仅22岁。后来，多松年烈士的遗体被工友们掩埋在张家口西山坡。

**【文物简介】**

多松年烈士故居始建于清咸丰七年（1857年），是一处具有典型民俗特点和地方特色的民居建筑，由正房、东房和南房组成，共10间，是多松年出生、成长的地方。

1979年，多松年烈士的家属将故居移交于呼和浩特市文物事业管理处。经多次修缮后，现已对外开放，介绍多松年烈士的革命事迹。

依托多松年烈士故居，2012年10月，建成多松年烈士纪念馆。纪念馆由多松年烈士故居和展陈区两部分组成。进入纪念馆，首先看到的是“一代英豪”4个大字，中间为主展厅，北展

多松年烈士纪念馆

多松年烈士纪念馆展厅

厅是宣传陈列室，南展厅是宣传活动室。

1996年，呼和浩特市多松年烈士故居被内蒙古自治区人民政府公布为自治区第三批重点文物保护单位；2022年，入选内蒙古自治区第一批不可移动革命文物名录。

## 荣耀先烈士故居

——内蒙古革命运动的先行者在这里诞生

荣耀先烈士故居位于呼和浩特市土默特左旗察素齐镇博彦路西园街4号。

荣耀先（1896—1928），蒙古族，字辉庭，号一介，蒙古族名为谦登若宪。荣耀先是较早加入中国共产党的蒙古族青年，也是乌兰夫、多松年、李裕智等一批内蒙古早期无产阶级革命者的引路人。

荣耀先

1911年，荣耀先进入归化城土默特高等学堂读书，毕业后从教。1918年夏，荣耀先由土默特旗总管署保送到蒙藏学校学习。受陈独秀、李大钊等人的影响，荣耀先成为进步学生的领袖。1919年，五四运动爆发后，荣耀先组织蒙藏学校学生开会，提出“要唤醒塞外同胞，参加到运动中来”，并派人返回归绥，传播五四运动的消息。荣耀先发动归绥各校学生举行罢课和游行示威，声援北京学生运动，反对卖国的北洋政府，将五四运动传播到塞外归绥，在内蒙古掀起了反帝爱国运动的高潮。1920年，他参加了李大钊等组织的马克思学说研究会。

1922年，荣耀先以李大钊、邓中夏倡导的平民教育理念为指导，回到绥远积极兴办平民教育，在家乡察素齐办了土默特高等小学校分校，在归绥旧城办了“平民工读社”，招收手工业者和贫苦人家子女，免费向他们教授知识，传播革命思想。1923

修缮后的荣耀先烈士故居

年，荣耀先经中共北方区委负责人韩麟符、李渤海介绍加入中国共产党。

1923年秋，蒙藏学校扩大招生，荣耀先回到土默特旗，动员一批经过五四运动斗争锻炼的蒙古族学生考入蒙藏学校读书，其中就有乌兰夫、多松年、佛鼎、奎璧、朱实夫、李裕智和吉雅泰等人。这些青年经荣耀先介绍与中共北方党组织的领导同志见面，接触了马克思主义思想，开始探究内蒙古民族解放的道路，成为蒙古族第一代觉醒的有志青年。他们当中的大部分人先后加入中国共产主义青年团和中国共产党，成为坚定的无产阶级革命战士。

1924年4月，中共北方区委指派荣耀先入黄埔军校第一期学习，并由北京特别区出席国民党一大代表王法勤、韩麟符、于兰渚、陈镜湖保荐报考，5月到广州，入黄埔军校第一期第四队学习。自黄埔军校毕业后，荣耀先参

荣耀先烈士塑像

加了北伐战争。他身先士卒，屡建战功。1928年春，荣耀先参加二次北伐。4月11日，在进抵徐州茅村战斗中，荣耀先壮烈牺牲，年仅32岁。国民政府追赠荣耀先为陆军少将。

1982年5月，中华人民共和国民政部为荣耀先的家属颁发了革命烈士证书。

【文物简介】

荣耀先烈士故居始建于清末，有正房3间，西厢房2间，均为砖木结构，占地面积1800平方米。

呼和浩特市人民政府投资对荣耀先烈士故居进行修缮，2019年9月正式对外开放。2002年，荣耀先烈士故居被内蒙古自治区人民政府批准为自治区重点文物保护单位；2022年，入选内蒙古自治区第一批不可移动革命文物名录。

## 高凤英故居

——“青山英烈”传千古

高凤英故居位于呼和浩特市新城区保合少镇保合少村。

高凤英（1909—1941），蒙古族，原名云吉祥，蒙古族名为德勒登·道尔吉，参加革命后化名“高凤英”。高凤英是内蒙古著名的抗日英雄。2015年，民政部公布高凤英为第二批600名著名抗日英烈之一。

1909年，高凤英出生于一个蒙古族农民家庭，在故居度过了他的少年时代。1929年，高凤英参加革命，加入中国共产党。1930年春，高凤英奉派赴蒙古人民共和国党务学校学习；1935年春，回国开展地下斗争。在抗战期间，高凤英曾任内蒙古抗日游击队队长，在大青山抗日战争的艰苦岁月里，为动员各民族共同

修缮后的高凤英故居

高凤英

抗日做了大量工作。1941年10月，由于叛徒出卖，高凤英被日伪军包围，在大青山壮烈牺牲，年仅32岁。1984年6月，国家副主席乌兰夫题词，赞誉高凤英为“青山英烈”。

【文物简介】

高凤英故居始建于清光绪年间，故居经3次维修重建，均为砖木结构，占地面积3000平方米。

2006年，高凤英故居被内蒙古自治区人民政府公布为自治区第四批重点文物保护单位；2022年，入选内蒙古自治区第一批不可移动革命文物名录。

## 土默特高等小学校旧址（文庙）

——“内蒙古革命的摇篮，民族教育的奇葩”

土默特高等小学校旧址（文庙）位于呼和浩特市玉泉区文庙

街1号，也就在现在的土默特学校院内，是呼和浩特市现存的唯一一座文庙。

土默特高等小学校是内蒙古西部地区的一所蒙古族学校。清雍正二年（1724年），土默特左翼旗都统奏请雍正皇帝批准，效仿内地修建孔庙设立学堂之先例，建立文庙创办官学，始称土默特官学，后更名为启运书院，是祭祀我国古代的思想家、教育家、哲学家和儒家学派创始人孔子的地方。1907年，启运书院更

土默特高等小学校原貌

名为土默特高等小学堂。1915年，改称土默特高等小学校，后多次更改校名，现称土默特学校。

五四运动期间，土默特高等小学校学生积极投入反帝反封建斗争，成为归绥学生运动的主要力量之一，在内蒙古地区产生了较大影响。1923年，土默特高等小学校的蒙古族学生乌兰夫、奎璧、多松年等考入蒙藏学校，在李大钊、邓中夏等共产党人的帮助下走上革命道路。他们先后加入中国共产党，成为内蒙古地区早期的共产党员。

土默特文庙大成殿

1934年，乌兰夫回到土默特高等小学校，担任学校庶务主任兼教员。之后，奎璧任该校蒙古文教员兼《绥远日报》社蒙古文编辑。他们以土默特高等小学校为据点，以教员身份做掩护，通过各种方式启发师生的爱国主义觉悟，引导他们走上革命道路。他们在群众中开展抗日救亡活动，传播革命道理。1939至1941年，恒升接任土默特高等小学校校长，在他与土默特工作委员会的贾力更、奎璧、李森等同志的教育和引导下，一批批进步学生相继奔赴延安和大青山抗日游击根据地。

从五四运动到中华人民共和国成立，土默特高等小学校培养了一大批优秀人才。在中国近现代史上的不同时期，土默特高等小学校的师生和校友们追求真理，向往革命，涌现了一批又一批杰出人物。2008年，全国人大常委会原副委员长布赫同志回母校探访，并为母校题词："内蒙古革命的摇篮，民族教育的奇葩。"

经过近300年的变迁，土默特学校内的文庙只留下一座大成殿，见证着青城的历史和辉煌。

**【文物简介】**

文庙，建于清雍正二年（1724年）。因该文庙多为蒙古族学子供奉，故俗称"蒙文庙"，亦称"南文庙"，主供孔子。原建筑规模较大，现仅存大成殿。

1985年，呼和浩特市文物部门对文庙大成殿进行修缮。20世纪90年代，土默特学校将文庙改建为校史展览室，陈列有关学校发展历史的图片、实物。

2006年，土默特文庙大成殿被内蒙古自治区人民政府公布为自治区第四批重点文物保护单位。

## 乌兰夫早期革命活动旧址（美岱召达赖庙）

### ——早期革命活动的重要见证

乌兰夫早期革命活动旧址（美岱召达赖庙）位于包头市土默特右旗美岱召镇。

1929年，随着革命形势的变化，中共中央决定恢复内蒙古地区的党组织，加强对内蒙古民族解放运动的领导。经共产国际东方部和中共驻共产国际代表团团长瞿秋白同意，决定安排在苏联学习的乌兰夫、佛鼎等人回国，以归绥、包头为中心，在内蒙古西部地区开展秘密革命工作。由佛鼎、乌兰夫、奎璧组成中共西蒙工委，佛鼎任书记，次年乌兰夫任书记。乌兰夫和中共地下党员李森从归绥和包头地区的实际出发，创建了从绥远巧尔气召、席勒图召、乌素图召到朱尔沟召、美岱召、阿刀亥召、沙尔沁召，直至包头召的秘密联络线和革命据点。由于美岱召居于几个革命据点的中心位置，乌兰夫长期隐蔽居住在美岱召达赖庙，领导内蒙古西部的革命斗争。

**【文物简介】**

美岱召，北依阴山，南傍黄河，是16世纪中叶修建的集城堡、寺庙和宅邸于一体的古建筑群。寺庙坐北朝南，城墙上有城楼、角楼，总面积约4万平方米。

美岱召远景

达赖庙是明代建筑，位于美岱召城东北隅。这是一处独立的小院，院内有一株500余年树龄的古柏，为阴山原生树种，称“望佛柏”。达赖庙是三世达赖喇嘛索南嘉措的行宫，楼上为床榻，楼下用于待客，左右耳房为随从所居。建筑时间推测是在1585年三世达赖喇嘛来美岱召之前。因此处先后有三、四世达赖喇嘛居住，故称“达赖庙”。这里是老一辈革命家乌兰夫从事革命活动的旧址，也是萨县抗日游击队的创立地和主要活动区域。达赖庙东耳房现为乌兰夫早期革命活动纪念址，西耳房为萨县抗

乌兰夫早期革命活动纪念址陈列室内部

日游击队纪念址。

1984年10月，美岱召正式对外开放。达赖庙被改建为革命陈列室，一座乌兰夫的铜像位于正中，墙上陈列着乌兰夫的工作照片，室内陈列着他在从事革命活动时使用过的行李、锅灶、炕桌、油灯、衣箱柜、藤椅和笔砚等物品。达赖庙成为美岱召内一处重要的红色旅游景点。

1996年，美岱召被国务院公布为第四批全国重点文物保护单位；美岱召旅游区现为国家AAAA级旅游景区。

## 贺龙革命活动旧址

——功勋卓著，丰碑永存

贺龙革命活动旧址位于乌兰察布市凉城县岱海镇井沟子村。旧址主体建筑为20世纪初传教士修建的天主教堂，距今已有100多年的历史。1945年10月至1946年1月，贺龙曾于此整训部队，指挥战斗。

抗日战争时期，贺龙率领八路军一二〇师曾在凉城县境内

贺龙革命活动旧址

领导人民群众英勇抗日，先后在马头山、蛮汉山等地建立了抗日游击根据地。1945年8月，贺龙部队晋绥独立二旅在许光达、孙志超的领导下，攻克凉城及新堂。9月，国民党军队先后攻占了清水河、凉城、集宁等地及平绥铁路沿线的重要村镇。10月，人民解放军为了反击国民党反动派向解放区的进攻，彻底摧毁国民党在绥远地区的黑暗统治，展开了绥包战役。人民解放军在聂荣臻、贺龙司令员的指挥下，兵分两路向西挺进，夹击敌人。其中一路为贺龙司令员、李井泉政委、张经武参谋长指挥的晋绥野战军，由晋北左云一带越过长城，先后解放了凉城和新堂。12月中旬，贺龙司令员率部重返凉城，司令部设在凉城土台子教堂，贺龙就住在北侧的正房里，政治部设在井沟子教堂。为保卫绥东解放区，部队在井沟子村进行整训，并在井沟子教堂举行集会。1946年1月中旬，贺龙部队离开凉城。

**【文物简介】**

1987年，为纪念这位功勋卓著的开国元勋，井沟子教堂被修缮开辟为贺龙革命活动旧址。2008年8月，贺龙革命活动旧址改陈扩建，免费对公众开放。

贺龙革命活动旧址分为3个陈列室，分别展示贺龙革命活动历程、凉城革命斗争史和历史文物陈列，并按原貌恢复了贺龙的旧居和办公桌。展区运用现代陈列方式并配以图片和实物，生动地再现了贺龙的革命历程和丰功伟绩，展现了抗日战争和解放战争中凉城人民不屈不挠、英勇奋斗的壮丽篇章。

1996年，凉城县贺龙革命活动旧址被内蒙古自治区人民政府公布为自治区第三批重点文物保护单位；2022年，入选内蒙古自治区第一批不可移动革命文物名录。

## 乌兰夫同志办公旧址

### ——光辉的历程，闪光的足迹

乌兰夫同志办公旧址位于乌兰浩特市兴安路北段东侧，是一栋平房建筑。

1947年2月14日，遵照中共中央指示，内蒙古自治运动联合会主席乌兰夫率联合会机关40余人抵达兴安盟王爷庙，在此办公并组织筹建内蒙古自治政府。在当时复杂的形势下，乌兰夫就在这栋房子里积极开展工作，打开了工作局面。1947年2月20日，乌兰夫在此签发了《关于召开内蒙古自治运动联合会第一次执委扩大会议的通知》，部署成立内蒙古自治政府的重大事宜。

1947年4月23日至5月1日，乌兰夫主持召开了内蒙古人民代表会议，制定了《内蒙古自治政府施政纲领》，成立了内蒙古自治政府。乌兰夫当选为内蒙古自治政府主席。5月2日，乌兰夫在办公旧址主持了内蒙古自治政府委员会第一次会议。7月1日，内蒙古共产党工作委员会成立，乌兰夫任书记，并任内蒙古人民自卫军司令员兼政委。

1947年2月至1949年12月，乌兰夫在此办公近3年。在中共中央和东北局的领导下，他领导和带领内蒙古解放区各族人民进行农村土地改革和牧区民主改革，培养干部，改造和建立基层政权，发展生产，改善人民生活，为内蒙古的民族解放事业以及夺取内蒙古和东北解放战争的胜利做出重要贡献。

【文物简介】

乌兰夫同志办公旧址始建于1936年，坐东朝西，建筑面积

乌兰夫同志办公旧址外景

乌兰夫同志办公旧址内景

402.91平方米。房屋中轴线上依次为踏步台阶、门厅。正门上方挂着一块横匾，上面用汉、蒙两种文字镌刻着金色大字：乌兰夫办公旧址。步入大厅后，可见乌兰夫同志的铜像。大厅内有布赫同志题词："光辉的历程　闪光的足迹"。

大厅北侧为会议室和警卫战士住处；南侧有一狭小的走廊，走廊西侧分别为警卫室、秘书室、办公室，东侧为乌兰夫办公室、起居室。1974年11月，乌兰夫同志办公旧址毁于火灾。1987年5月，经内蒙古自治区人民政府批准，在原址南30米处按原貌重建。这里既是乌兰夫同志革命活动的重要见证，也是内蒙古自治政府成立之初的办公场所之一，具有重要的纪念意义。

2007年5月至6月，中共兴安盟委、兴安盟行政公署将乌兰夫同志办公旧址作为红色文化景点进行全面维修，调整并充实展出内容。室内陈列有内蒙古自治政府在王爷庙成立时的文献和乌兰夫的讲话照片等珍贵历史资料。2017年，乌兰夫同志办公旧址增设乌兰夫生平展，以大量的图片、史料及多媒体影片，充分展现乌兰夫波澜壮阔的一生。

1996年，科右前旗乌兰夫同志办公旧址被内蒙古自治区人民政府公布为自治区第三批重点文物保护单位；2009年，被中宣部公布为第四批全国爱国主义教育示范基地。

## 草原英雄小姐妹旧居

——草原上最鲜艳的花朵

草原英雄小姐妹（龙梅、玉荣）旧居位于包头市达尔罕茂明安联合旗。

龙梅、玉荣，辽宁阜新人，蒙古族。龙梅出生于1952年8月，玉荣出生于1955年3月。由于舍己为人的英勇事迹，她们被誉为“草原英雄小姐妹”。

1964年2月9日，龙梅与玉荣这对小姐妹为了保护生产队集体的384只羊，与暴风雪整整搏斗了一天一夜，集体羊群得到了保护，小姐妹却因冻伤而终身残疾。1964年3月12日，《人民日报》发表了长篇通讯《暴风雪中一昼夜》，详细报道了龙梅、玉荣小姐妹的英雄事迹。乌兰夫得知此事后立即安排有关部门和医

龙梅、玉荣

疗专家为姐妹俩进行治疗，并亲自赶到医院探望，褒扬了姐妹俩舍生忘死保护集体羊群的英雄事迹，称赞她们是“草原上的英雄小姐妹”。

3月13日，乌兰夫为龙梅、玉荣题词：“龙梅、玉荣小姊妹，是牧区人民在毛泽东思想教育下，成长起来的革命接班人。

内蒙古日報

NEIMENGGU RIBAO

14

草原英雄小姊妹

龍梅、玉荣小姊妹，
是牧区人民在毛泽东
思想教育下，成长起来的
革命接班人。我区各族
青少年努力学习他们的
模范行为和高尚品质！
乌兰夫 3.13

《内蒙古日报》报道草原英雄小姐妹舍己为公的事迹

我区各族青少年应努力学习她们的模范行为和高尚品质！”3月14日，《内蒙古日报》发表了长篇通讯《草原英雄小姊妹》。

3月20日，共青团中央写信赞扬姐妹俩的高尚行为，同时热烈祝贺她们加入中国少年先锋队。《人民日报》以《最鲜艳的花朵》为题，报道了她们的感人事迹，并将她们誉为“草原英雄小姐妹”。

龙梅、玉荣的事迹很快在全国传播，从中央到地方，各级各类媒体竞相报道她们的英勇事迹，龙梅和玉荣成为人们学习的榜样。她们的英雄事迹曾拨动亿万中国人的心弦，激励着千千万万

草原英雄小姐妹旧居

青少年热爱祖国、奋勇向上。

2001年，草原英雄小姐妹被评选为“20世纪我心中的英模”。2009年，草原英雄小姐妹被评为“100位新中国成立以来感动中国人物”。2019年，姐妹俩荣获“全国最美奋斗者”荣誉称号。“草原英雄小姐妹”的故事体现了爱国主义和集体主义精神，值得继承和发扬。

**【文物简介】**

龙梅和玉荣的旧居是低矮的2间土坯房，面积约30平方米，门口挂着“龙梅玉荣旧居”的牌子。旧居内陈列有关“草原英雄小

草原英雄小姐妹旧居

姐妹”的报纸、图书和照片，以及她们小时候用过的一些物品。

2014年，草原英雄小姐妹旧居陈列馆被内蒙古自治区人民政府公布为自治区第五批重点文物保护单位；2022年，入选内蒙古自治区第一批不可移动革命文物名录。

# 第三章　重要事件、重大战役战斗遗址

## 满洲里红色国际秘密交通线遗迹

### ——充满传奇的“红色之路”

满洲里红色国际秘密交通线遗迹位于呼伦贝尔市满洲里市国门景区内。

在十月革命和五四运动的影响下，一大批具有马克思主义思想的中国知识分子为了探索民族解放道路，克服重重困难，途经满洲里赴苏联考察，了解十月革命的经验，学习马克思主义理论。当时，他们主要通过中东铁路经哈尔滨、满洲里赴苏联，形成了一条“红色之路”。这是一条形成时间较早、持续时间较长、发挥作用较大的红色国际秘密交通线。

19世纪末，沙皇俄国为控制其在远东扩张的领土，向中国东北三省延伸侵略势力，通过与清政府签订《中俄密约》取得了中东铁路的修筑权和经营权。中东铁路包括与俄国境内的西伯利亚大铁路相连接的从满洲里经哈尔滨至绥芬河的主线，以及从哈尔滨经长春至大连的支线，长达2800余公里。

满洲里是中东铁路中国境内的西端，一直受到中国共产党和共产国际的重视。中国共产党成立后，为加强与共产国际的联系，充分利用满洲里地区反动力量相对薄弱、交通方便以及距苏联较近等优势，在满洲里建立了地下交通站，从而形成了一条组织严密、安全稳定、高效运转的国际秘密交通线。这条“红色交通线”的主线路是从哈尔滨乘火车到达满洲里，然后从满洲里越境抵达86号小站（后改称“奥特波尔”，即今俄罗斯后贝加尔斯克），再由86号小站坐直通赤塔列车前往莫斯科。另外，满洲里

满洲里红色国际秘密交通线遗迹

交通线还有一条辅助线——扎赉诺尔交通线，它也是红色国际秘密交通线的重要组成部分。

从1920至1937年，满洲里红色国际秘密交通线存在了近18个春秋。它是中国共产党与共产国际和苏联联系的生命线，也是一条充满传奇的“红色之路”。这条“红色之路”拓宽了马克思列宁主义传播的渠道，记载着中国共产党人寻求革命真理的光辉历程，同时为中国革命和世界革命做出了重要贡献，在中国共产党的发展历程中发挥了重要作用，因此被誉为“一座红色国际桥梁”。

**【文物简介】**

满洲里红色国际秘密交通线遗迹位于呼伦贝尔市满洲里市内。经过百年风雨洗礼的满洲里国门，承载着这段光辉的历史。

2006年，满洲里红色国际秘密交通线遗迹被内蒙古自治区人民政府公布为自治区第四批重点文物保护单位。2016年，满洲里红色国际秘密交通线教育基地入选全国红色旅游经典景区名录。

## 百灵庙抗日武装暴动旧址
### ——举起团结抗日的旗帜

百灵庙抗日武装暴动旧址位于包头市达尔罕茂明安联合旗百灵庙镇，旧址包括百灵庙和百灵庙抗日武装暴动纪念碑两部分。

位于达尔罕草原深处的百灵庙地区一直是商贾云集之地，素有“草原码头”之称。这里既是内蒙古北部政治、经济的中心，也是南北交通要道，为兵家必争之地。1936年2月21日，这里发生了震惊中外的“百灵庙抗日武装暴动”。

百灵庙抗日武装暴动是在全国人民抗日救亡运动的推动下，在中共西蒙工作委员会的策动下，由云继先、朱实夫、云蔚等率领蒙政会千余名爱国官兵，为反抗日本帝国主义侵略而发动的震撼全国的武装暴动。它不仅打击了日本侵略者的嚣张气焰，而且表明了内蒙古人民反对日本帝国主义侵略、争取民族独立与解放的决心，体现了内蒙古人民的爱国意志。

保护标志

**【文物简介】**

百灵庙，又称广福寺，始建于清康熙四十二年（1703年），是藏传佛教寺庙。后因札萨克多罗达尔罕贝勒詹达固密的续修，俗称其为“贝勒庙”，音转为“百灵庙”。百灵庙的平面呈长方形，占地面积8000多平方米，主体建筑由朝克沁大殿、甘珠尔殿、丹珠尔殿、却日殿及天王殿组成。

1989年初，内蒙古自治区党委、政府决定在百灵庙镇南艾不盖河南岸的女儿山上修建百灵庙抗日武装暴动纪念碑；10月，纪念碑建成。纪念碑坐东面西，呈方锥形，由碑体和抗日战士浮雕组成。碑体上部南北两面用汉、蒙两种文字锲刻着“百灵庙抗日武装暴动纪念碑”。大理石构筑的方形塔基上是抗日战士浮雕“群英图”，在四蹄腾空、昂首向前的战马上是一名高举战刀、威武雄壮的战士。

2006年，百灵庙起义旧址被国务院公布为第六批全国重点文物保护单位；2015年，百灵庙抗日武装暴动纪念碑入选第二批100处国家级抗战纪念设施、遗址名录。

## 田家镇惨案遗址

——日本侵华罪行的又一铁证

田家镇惨案遗址位于乌兰察布市凉城县。

1937年，“卢沟桥事变”发生后，日本帝国主义侵略军集中兵力向华北地区发起猛攻，平绥铁路沿线的张家口、大同、丰镇相继沦陷。不久，日本侵略军兵分两路进犯凉城县田家镇。国民党山西骑兵二师师长彭毓斌率六团抵抗，击毙日寇82人，伤数十人，日寇受阻。9月22日深夜，日寇在飞机、坦克的掩护下发动猛攻，凉城县外围陷于敌手。日军迁怒于城中居民，把城中居民驱赶在一起，威逼他们跪在地上。日军不分老幼乱杀乱砍，屠杀持续了3个多小时，残害群众299人。这就是骇人听闻的“田家镇惨案”。

**【遗址简介】**

田家镇惨案遗址是日本帝国主义侵华犯下滔天大罪的铁证。为了揭露侵华日军的暴行，告慰死难者，并让后人记住这段耻辱，2000年，在永兴湖旁修建了田家镇惨案纪念碑。

2016年，田家镇惨案遗址入选全国红色旅游经典景区名录。

## 大青山抗日游击根据地旧址

——“塞外小延安”的历史记忆

大青山抗日游击根据地旧址位于呼和浩特市武川县德胜沟乡的大青山深处，是中国共产党在内蒙古地区较早建立的抗日游击根据地之一，也是条件较艰苦的根据地之一。

武川县是大青山抗日游击根据地的中心地带。大青山地处阴山山脉中段，东起呼和浩特大黑河上游谷地，西至包头昆都仑河，东西绵延约240公里，南北宽20～60公里，具有重要的军事战略地位。大青山是革命的山，是英雄的山。它是晋西北抗日根据地的前哨和外翼，也是保卫陕甘宁边区的北方门户。大青山南麓是开阔的土默特平原，平绥铁路横贯东西，成为连接华北和西北的重要纽带，因此在抗日战争中，大青山地区成为敌我双方必争之地。中共中央从抗战局势的发展和战略需要出发，适时地做出创建大青山抗日游击根据地的战略决策。

1938年3月，毛泽东数次电示八路军一二〇师师长贺龙、政委关向应等同志，要求调查平绥路沿线和大青山地区，从武川、

雄伟壮丽的大青山

陶林、集宁、丰镇直至商都、兴和、张北的广大地区能否建立抗日游击根据地。5月14日，毛泽东致电朱德、彭德怀、贺龙、关向应等同志，明确指出在平绥路以北沿大青山脉建立游击根据地的重要性。

1938年6月11日，毛泽东再次电示创建大青山抗日游击根据地的重要性和艰巨性。根据中共中央和毛泽东的指示，八路军一二〇师着手组建八路军大青山支队，由李井泉任支队司令员兼政委，姚喆任参谋长，彭德大任政治部主任。八路军大青山支队组成后，在山西五寨举行了誓师大会。1938年7月15日，八路军总司令朱德发出了进军大青山的命令。7月底至8月初，八路军大青山支队、总动员委员会及第四支队，开始向大青山进军。由于日伪军堵截围攻，主力部队经过两次北上才于9月初进入大青山腹地。

10月初，担任掩护任务的大青山支队一营胜利越过平绥路，与主力部队会合。至此，大青山支队、总动员委员会及第四支队胜利完成挺进大青山的任务。

大青山支队挺进绥远后，克服了极端困难的环境，在东起集宁、丰镇，西到包头、固阳，北起达尔罕茂明安联合旗、四子王旗，南到黄河、长城的广大区域，开展了灵活多变的游击战。所到之处，大青山支队大力宣传中国共产党联合各民族、各阶层、各党派共同抗日的主张，讲解党的民族政策，建立动员委员会，深受群众欢迎。仅一个多月时间，顺利开辟了归（绥）武（川）公路以东、平绥铁路以北、集宁至土牧尔台一线以西的绥中游击区。李井泉、王尚荣等率七一五团三营和二营五连，与第四支队二连及动员委员会部分工作人员挺进绥西，开辟了绥西游击区，司令部驻扎在万家沟村。

八路军来到大青山后，支队司令部在井儿沟驻扎，指挥各地分散作战。1939年，大青山党政机关和支队司令部由井儿沟迁至万家沟，后转移至得胜沟。

得胜沟村是一个小洼地，四周高山矗立，延绵起伏。当时，这个小村子只有四五户人家，八路军指战员在村西土坡上挖了“前进坑”（左右山墙和后墙是从地面挖出的斜坡土墙），在挖出的土坑上搭起梁椽，前面搭上简单的墙和门窗，再盖起房子，作为支队司令部驻地，李井泉、姚喆等同志就在这里办公和指挥战斗。警卫连驻守在村北的半山腰上，联络用的电台设在村西钻天沟内，兵工修械所、卫生队设在南山榆树沟。村中还有供销社、食堂、教导队，百年大榆树下是培训班课堂。在小小的得胜沟里住着数千人。作为大青山抗日游击根据地指挥中心，这里被当地百姓称为“塞外小延安”。

1941年春，姚喆到延安汇报工作后回到大青山。根据中共中央关于加强党政军训练的指示，以及大青山抗日游击根据地环境恶劣、原有干部损失大、新干部缺乏斗争经验的实际情况，支队决定建立干部教导大队，对部队和地方基层干部进行训练。中央从延安抗大派来两名教员，姚喆兼任大队长。教导队每期训练100余人，编为3个排，10个班。教学内容有政治方面、军事方面的学习，还设有文化课。教导队的学员自己动手挖窑洞、盘火炕，还修建了篮球场。至1942年10月，教导大队训练了4批基层干部，共五六百人，这些干部陆续补充到根据地党、政、军各方面。

1941年秋，武川县城和西乌兰不浪的800多名日伪军从蘑菇

武川县得胜沟革命遗址

窑袭击得胜沟。司令部提前获悉情报，在沟口设下埋伏，日伪军伤亡惨重。司令部凭借得胜沟山林安全转移。1942年，日军对大青山抗日游击根据地实行残酷的军事扫荡、政治压迫和经济封锁，大青山抗日游击根据地进入最困难的时期。尽管如此，大青山抗日游击根据地的军民始终坚持抗日游击战争，根据地领导机关和主力部队以隐蔽斗争的方式，在当地群众的支持下，度过了最艰苦的岁月。

1945年8月9日，毛泽东发表了《对日寇的最后一战》，号

大青山抗日游击根据地旧址

召八路军、新四军及其他人民军队，对一切不投降的侵略者及其走狗实行广泛的进攻。8月11日，全面大反攻从南北两线同时展开。9月2日，大青山抗日游击根据地同全国人民一起迎来了中国人民抗日战争的伟大胜利。

【文物简介】

大青山抗日游击根据地旧址是抗日战争时期大青山支队司令部、中共绥远省委、绥察行署、绥西专署的驻地，乌兰夫、李井泉、姚喆、王若飞、郝秀山等老一辈无产阶级革命家在这里留下

大青山抗日游击根据地展馆

了光辉足迹，大青山抗日军民在这里留下了奋勇杀敌、可歌可泣的英雄赞歌。旧址现有司令部、卫生队、教导队、电台等遗址，留存有李井泉、姚喆等人住过的窑洞和办公用的石磨、树墩，还有八路军作战使用过的电台、战刀、手榴弹、马镫、火盆、粮食袋、火镰等珍贵文物。李齐沟有郝秀山等老一辈革命家成立的“郝区政府”原址，并存有大量的革命历史文物。

2008年，大青山抗日游击根据地展馆在大青山抗日根据地建成，建筑面积1600多平方米。馆内复原了大青山抗日游击根据地党、政、军办公场所，再现了根据地军民艰苦卓绝的抗战经历。

大青山抗日游击根据地旧址是全国爱国主义教育示范基地。2014年，大青山抗日游击根据地旧址入选第一批国家级抗战纪念设施、遗址名录；2016年，入选全国红色旅游经典景区名录。

## 巴总窑子李井泉司令部旧址

——大青山中的红色足迹

巴总窑子李井泉司令部旧址位于包头市土默特右旗九峰山管

委会巴总窑子村魏家大院。

1938年，遵照党中央重大战略决策，八路军越过平绥铁路挺进大青山，开创了大青山抗日游击根据地。9月，李井泉率领八路军大青山支队及部分动员委员会工作人员抵达巴总窑子村。李井泉住魏家大院，司令部就设在该院内。八路军大青山支队司令部及其所率部队驻扎巴总窑子一带后，深入附近山区及固阳、武川等地，宣传、发动、组织群众开辟绥西抗日根据地，并在各村建立了动员委员会、农会、妇女会等组织。李井泉积极团结各族

大青山中的巴总窑子村

屋中暗道

巴总窑子李井泉司令部旧址

保护标志

人民粉碎了日伪军多次封锁和“围剿”。1939年冬，李井泉指挥大青山支队司令部顺利突围，粉碎了日伪军的进攻。

【文物简介】

巴总窑子村原魏家大院东西40余米，南北20余米，四周筑高大围墙，北有正房一排，李井泉住在中间有隔扇的3间老式房屋内。左居室火炕边有一条通向院外炮楼的暗道，借炮楼可瞭望整个村子，现炮楼已不存在。

2006年，巴总窑子李井泉司令部旧址被内蒙古自治区人民政府公布为自治区第四批重点文物保护单位；2022年，入选内蒙古自治区第一批不可移动革命文物名录。

## 李齐沟“郝区政府”革命遗址

### ——大山深处的红色印记

李齐沟“郝区政府”革命遗址位于呼和浩特市武川县得胜沟乡李齐沟村东南2公里处。

在抗日战争时期，得胜沟乡的得胜沟、李齐沟等地是抗日活动的核心区域，也是大青山抗日游击根据地的指挥中心，留下了大青山抗日军民奋勇杀敌、可歌可泣的英雄事迹。

李齐沟距乡政府所在地10公里，向南再走四五公里便是当年郝秀山等革命前辈创建的“郝区政府”革命遗址。

1939年，根据大青山抗日游击根据地斗争形势发展的需要，武归县八区抗日民主政府在绥西八区动委会的基础上成立了。

1940年3月至1945年7月，郝秀山任八区区长，政府住址从灯笼素村迁至李齐沟村。在八区辖区内，有八路军大青山支队司令部驻地得胜沟、绥西公署和武归县政府驻地井儿沟、司令部后勤保障基地骆驼场，以及八路军被服厂、修械所和其他军需物资仓库等。为坚持长期斗争，郝秀山率八区政府工作人员和游击队员，在李齐沟村南山坡上盖起两间窝棚用来办公。

后来，日军来此进行大规模扫荡，八区政府和游击队的窝棚及李齐沟村所有房屋均被夷为平地。郝秀山带领游击队返回驻地后，在原址上搭起3间石头垒墙的窝棚，用树木、杂草和泥土掩盖。

在郝秀山的领导下，八区政府继续组织群众进行抗日宣传、

李齐沟“郝区政府”革命遗址石碑

粮食征集和情报收集等工作，发展革命力量。1941年，驻地再次遭到敌人攻击，窝棚被日军完全炸毁。日军撤走后，郝秀山与八区游击队员再次回来清理残局，搭起窝棚办公，班长牛金宽在窝棚门前的一块天然大石头上凿刻了“郝区政府”4个大字。这4个字虽朴实无华，但透着一股坚韧不拔的力量。

此后，“郝区政府”在大青山地区名声大噪，极大地鼓舞了群众的斗志，坚定了战胜敌人的信念。在忍受敌人经济封锁和军事扫荡的艰苦岁月里，郝秀山与八区政府组织人民坚持斗争，最终迎来了抗日战争的胜利。

**【文物简介】**

李齐沟“郝区政府”革命遗址，坐北朝南，内有几间窝棚，一半在地下，一半在地面，现均已倒塌。窝棚前的一块巨石上凿刻着“郝区政府”4个大字和一枚手榴弹图样，表现出大青山军民不屈不挠的民族气节和誓死抗日的决心。

2014年，李齐沟“郝区政府”革命遗址被内蒙古自治区人民政府公布为自治区第五批重点文物保护单位（已并入自治区第三批重点文物保护单位——德胜沟革命活动旧址）。

## 内蒙古自治政府成立大会会址

### ——内蒙古自治政府在这里诞生

内蒙古自治政府成立大会会址，又称“五一”大会会址，位于乌兰浩特市五一北路东侧。1947年4月23日至5月1日，内蒙古人民代表会议在这里召开，宣告内蒙古自治政府成立。

会上，决定内蒙古命运的与会代表一致拥护在内蒙古地区实行中国共产党领导下的民族区域自治，为全国实行民族区域自治制度树立了光辉典范。4月30日，会议产生了内蒙古第一届临时参议会，并通过了《内蒙古自治政府施政纲领》。博彦满都当选为临时参议会议长，吉雅泰当选为副议长，特古斯、朝克图、克力更等人当选为驻会参议员。5月1日，内蒙古第一届临时参议会在民主和谐的气氛中推举乌兰夫为内蒙古自治政府主席，哈丰阿为副主席，特木尔巴根、奎璧、阿思根等人为政府委员，内蒙古自治政府正式宣告成立。

“五一”大会会址真实地记录了内蒙古人民在中国共产党的

领导下英勇奋斗、争取解放的历史，是展示红色文化、弘扬红色精神的重要阵地。

【文物简介】

“五一”大会会址的主体建筑由牌楼、会场两部分组成。牌楼是由仿古青砖砌成的梯形牌楼，中间是方形大木门，两侧分别是弧形小门。会场始建于1935年，坐东朝西，占地面积2334.15平方米。会场主体为青砖灰瓦二层建筑，中轴线上依次为围栏、门厅、陈列大厅、壁炉、主席台、化妆室及库房。

“五一”大会会址

1946年4月至1948年9月，“五一”大会会址先后为东蒙军政干部学校、内蒙古军政大学礼堂；1948年9月至1952年，为内蒙古党校礼堂；1952至1968年，为乌兰浩特市第三中学礼堂；1968至1986年，为中国人民解放军驻乌兰浩特某部仓库。1986年，为迎接内蒙古自治区成立40周年，对“五一”大会会址进行修缮后，布展并对外开放。2017年，为庆祝内蒙古自治区成立70周年，又一次扩大展览规模，充实了文物和史料。一楼按照“五一”大会召开时的场景进行复原，展现了乌兰夫同志在

**“五一”大会会址内部陈设**

“五一”大会上做政治报告时的场景；二楼为“五一”大会陈列馆，馆藏历史文物、文献500余件，全面展示了“五一”大会从筹备到召开的过程以及其深远的历史影响。

2006年，内蒙古自治政府成立大会会址被国务院公布为第六批全国重点文物保护单位；同年，被国家民族事务委员会命名为全国民族团结进步教育基地；2009年，被中宣部公布为第四批全国爱国主义教育示范基地；2022年，入选内蒙古自治区第一批不可移动革命文物名录。乌兰浩特市内蒙古自治区政府成立纪念地入选全国红色旅游经典景区名录。

## “独贵龙”运动旧址

——追寻红色足迹

“独贵龙”运动旧址位于鄂尔多斯市乌审旗嘎鲁图镇布寨嘎查，在旗政府所在地以北15公里处。

“独贵龙”运动是近代蒙古族人民自发组织的反封建暴政、反苛捐赋役的一种独特的组织形式。“独贵龙”的意思是环形、圆圈。“独贵龙”运动的成员在聚会时围坐成圆形，以示身份平等。他们在斗争中通过决议和上报政府的呈文签名时，将签名组成环形，不知首尾。这样做既表示人人平等，又不易暴露领导者。“独贵龙”运动在鄂尔多斯高原擎起了一面鲜艳的红旗。

【文物简介】

“独贵龙”运动旧址初建于1663年，曾三拆四建，是广大牧民背井离乡、颠沛流离、生活在水深火热中的见证，也是封建势

“独贵龙”运动旧址

力勾结土豪劣绅大军阀血腥镇压“独贵龙”运动的见证。如今，“独贵龙”运动旧址是1985年在嘎鲁图庙吉萨房的基础上重新修建的，这里曾是“独贵龙”运动的总部和重要根据地。

2006年，“独贵龙”运动旧址被国务院公布为第六批全国重点文物保护单位；2022年，入选内蒙古自治区第一批不可移动革命文物名录。

# 第四章　纪念馆、纪念园等纪念设施

## 王若飞纪念馆
### ——泰安客栈里的光辉业绩

王若飞纪念馆位于包头市东河区通顺街3号，原为泰安客栈，是1931年王若飞同志在内蒙古从事革命活动时居住的地方。

王若飞（1896—1946），贵州安顺人，号继仁，参加革命后化名黄敬斋。王若飞是久经考验的老一辈无产阶级革命家、杰出的政治活动家、忠诚的共产主义战士。1922年6月，王若飞与赵世炎、周恩来等发起成立“旅欧中国少年共产党”；1923年，王若飞转为中共党员。党的六大后，王若飞任中共驻共产国际代表。1927年，王若飞协助周恩来等领导组织上海工人第三次武装起义。1931年9月至11月，王若飞在包头、河套地区从事革命活动，其居住的泰安客栈成为内蒙古革命历史上重要的纪念旧址。

1927年，大革命失败后，内蒙古地区的党组织遭到严重破坏。中共中央为了加强内蒙古地区的革命工作，决定派遣王若飞从苏联回国并担任中共西北特委书记，开展国内西部地区的民

原泰安客栈

族解放运动和武装斗争工作。1931年9月，王若飞与吉合来到包头，住在商贾云集的泰安客栈，以收购皮毛为名进行革命工作。11月中旬，王若飞从河套地区回到包头准备前往宁夏。就在这时，有特务密报国民党稽查处，稽查处以查夜为名，在泰安客栈将王若飞逮捕。王若飞先被关押在包头监狱，12月上旬被押解到归绥，投入绥远第一模范监狱，后被转移到太原监狱。

1937年春，在中共中央和北方局的多方营救下，王若飞被释放。随后，王若飞回到延安。1945年，王若飞在中国共产党第七次全国代表大会上当选为中央委员。抗日战争胜利后，王若飞作为中共代表团代表之一，与毛泽东、周恩来赴重庆谈判，同国民党政府签订了《双十协定》。1946年4月8日，王若飞与叶挺等同志乘飞机回延安，因飞机失事于山西省兴县的黑茶山而不幸遇难，终年50岁。2009年9月，王若飞被中央宣传部、中央组织部等部门评为“100位为新中国成立作出突出贡献的英雄模范人物”之一。

1962年，为纪念王若飞同志在内蒙古从事革命活动的光辉业绩，包头市人民政府在泰安客栈旧址上建立了王若飞纪念馆。1999年，包头市委、市政府对旧址进行修缮并重新对外开放。

**【纪念馆简介】**

王若飞同志革命旧址——泰安客栈，原是一座四合院，是包

王若飞故居陈列馆

头地区较有名气的旧式旅馆。

泰安客栈旧址内的王若飞纪念馆，客房有两排正房（4栋16间），东西厢房各6间。后排东侧正房3号房间为单间小客房，王若飞在包头期间就住在这里。3号房间按照昔日的炕、被褥、炕桌、煤油灯等原样陈列布置。邻室置王若飞半身塑像一尊，展出衣服3件，砚、笔、手章各1件，以及信件复印件、照片等。

王若飞同志革命旧址是研究内蒙古革命历史的重要文物，具有重要的研究价值。

1964年，王若飞同志革命旧址被内蒙古自治区人民政府公布为自治区第一批重点文物保护单位；2017年，包头市王若飞纪念馆被命名为全国爱国主义教育示范基地。

## 乌兰夫纪念馆

——永远的丰碑

乌兰夫纪念馆坐落于呼和浩特市新华西街乌兰夫公园内。

1991年，经中共中央批准，内蒙古自治区党委、政府决定在呼和浩特市植物园（今乌兰夫公园）内修建乌兰夫纪念馆，1992年12月23日落成开馆。

2005年，呼和浩特市植物园正式更名为乌兰夫公园。公园总占地面积25万平方米。其中，纪念馆占地面积3万平方米，建筑面积2100平方米，展陈面积1500平方米。纪念馆由主馆、纪念广场、塑像平台、升旗台、碑亭及牌楼组成。整体建筑群将传统建筑风格与现代化建筑元素融为一体，在松柏绿荫的环绕下，形成以人文景观为内涵、园林绿色为载体的文化圣地。

乌兰夫纪念馆外景

**乌兰夫纪念馆展厅**

乌兰夫纪念馆是内蒙古自治区开展爱国主义教育和革命教育的重要窗口，是广大人民群众学习相关历史知识、提高思想修养的重要课堂。纪念馆以生动翔实的内容展现了乌兰夫等老一辈无产阶级革命家，为争取民族解放、为中国革命和建设建立的不朽功勋。党和国家以“久经考验的共产主义战士、党和国家优秀的领导人、杰出的无产阶级革命家、卓越的民族工作领导人”概括了乌兰夫光辉的一生。

**【纪念馆简介】**

乌兰夫纪念馆共设置8个展厅，展览陈列分为6个部分，以乌兰夫的生平事迹为主体，表现了内蒙古老一代领导群体的丰功伟绩，不仅描绘出乌兰夫光辉丰满的形象，而且讲述了一代人鞠躬尽瘁的革命故事，是内蒙古自治区近现代民族史、革命史的重要见证。

1997年，乌兰夫纪念馆被中宣部命名为全国爱国主义教育示范基地；2016年，入选全国红色旅游经典景区名录；2006年，被国家民族事务委员会命名为全国民族团结进步教育基地。

## 吕明仁烈士纪念馆

——追寻红色根脉

吕明仁烈士纪念馆位于通辽市科尔沁区明仁小学院内。

吕明仁（1914—1947），原名吕其惠，字希欧，1914年出生，曾任通鲁（通辽、开鲁）中心县委书记、中共哲里木盟地委书记兼哲里木盟政府副主席等职，组织领导通辽、开鲁人民

吕明仁烈士塑像

进行武装斗争。1947年4月12日，在执行紧急军事任务的征途中，强渡辽河不幸遇难，年仅33岁。吕明仁同志牺牲后，中共辽吉省委追授他为“辽吉功臣”。

现在的明仁小学始建于1948年，为纪念“辽吉功臣”吕明仁烈士，在1951年正式命名为“明仁小学”。之后，在通辽出现以吕明仁名字命名的“明仁苏木”“明仁大街”等。

**【纪念馆简介】**

吕明仁烈士纪念馆建于1993年，位于明仁小学院内。纪念馆陈列了吕明仁烈士的部分遗物和多幅照片，以图文并茂的形式展示了吕明仁在辉煌而短暂的一生中为革命事业所做的贡献。

## 奈曼旗革命烈士纪念馆

——赓续红色血脉

奈曼旗革命烈士纪念馆位于通辽市奈曼旗大沁他拉镇王府街西段清代奈曼王府院内（奈曼旗博物馆）。

奈曼旗革命烈士纪念馆

1995年，奈曼旗委、旗政府为了纪念为奈曼旗解放事业献身的革命英烈，修建了奈曼旗革命烈士纪念馆。

【纪念馆简介】

奈曼旗革命烈士纪念馆建筑面积1000平方米，陈列布展由“前言”“烈士生平事迹”“革命文物陈列”“烈士名录”等部分组成，反映了以吕明仁、梁东明、罗云彪等为代表的在奈曼旗革命战争中牺牲的456名革命烈士的英雄事迹。

## 徐永清烈士纪念馆

——缅怀革命先烈

徐永清烈士纪念馆位于通辽市中心大街217号永清街道办事处。

徐永清（1910—1945），原名傅麟兆，满族，中共党员，辽宁省岫岩县牌坊乡（现红旗营子乡）南葳子村上粉房（现北沟）人。1945年10月，受辽北省辽源专区公署委派自郑家屯赴通辽开展工作，担任通辽县第一任县长。到任后，徐永清与国民党反动

徐永清烈士塑像

派进行顽强斗争，使革命政权得到巩固。12月，徐永清在国民党残余势力发动的暴乱中被捕，英勇捐躯，年仅35岁。

【纪念馆简介】

为纪念徐永清烈士，2003年9月，当地政府建成徐永清烈士纪念馆。纪念馆占地面积200平方米，内有徐永清烈士塑像、生平简介和遗物等。

## 抗联英雄园

### ——各民族团结抗日的有力见证

抗联英雄园位于呼伦贝尔市阿荣旗那吉镇东山顶，原名“东山革命烈士陵园”。

抗日战争时期，中国共产党领导的东北抗日联军从1939至1942年3次挺进呼伦贝尔，同呼伦贝尔各族人民一起展开抗日游击活动。阿荣旗是东北抗日联军三进呼伦贝尔的主战场。抗联部队广泛宣传中国共产党的抗日主张，发动少数民族群众共同抗日，粉碎了敌人多次“围剿”及挑拨我国民族关系的阴谋。抗联部队得到各族群众的大力支持。汉族、鄂伦春族、达斡尔族、鄂温克族、朝鲜族、蒙古族等各族群众和抗联战士在反对日本侵略者的共同斗争中结下了深厚情谊。

中华人民共和国成立后，中共阿荣旗委、旗政府为纪念抗联英雄，加强爱国主义教育，于1955年在那吉镇东山建了烈士陵园。之后，进行了大型整修、扩建。2004年，在烈士陵园原址上修建了抗联英雄园。

【纪念园简介】

抗联英雄园占地40万平方米，建有以抗联英雄在阿荣旗战斗事迹为主题的“抗日烽火”“七勇士”“兴安密林”等16座雕塑，以及英雄亭、民族亭、缅怀亭、报国亭、精忠亭和勿忘亭6个亭。2008年，在抗联英雄园内建成了呼伦贝尔东北抗联纪念馆，是以抗联为主题的爱国主义教育基地。

2015年，抗联英雄园入选第二批100处国家级抗战纪念设施、遗址名录；现为国家AA级旅游景区。

抗联英雄园

# 内蒙古民族解放纪念馆

## ——再现内蒙古民族解放的历史

内蒙古民族解放纪念馆位于乌兰浩特市矿泉街，是一座反映内蒙古民族解放历程、弘扬革命精神的纪念性展馆。

为了再现内蒙古民族解放的历史进程，展示革命老区的发展成就，经内蒙古自治区人民政府批准，建立内蒙古民族解放纪念

内蒙古民族解放纪念馆外景

纪念馆内雕塑作品

馆，在庆祝内蒙古自治区成立60周年之际正式建成开馆。

纪念馆建筑结构为4层（地上3层、地下1层）平顶建筑，占地面积3万平方米，建筑面积2.3万平方米，陈展面积3500平方米。展览采取图片、展板、文物与大型场景相结合，声、光、电等多媒体手段与重大历史专题片相结合的方式，在充分体现地区特点和文化特点的同时，全景式再现内蒙古民族解放的光辉历程，突出中国共产党对内蒙古革命的领导，展现以乌兰夫为代表的老一辈革命家所做的贡献。

**【纪念馆简介】**

内蒙古民族解放纪念馆展区陈列图片、文物、枪械、绘画作品及雕塑作品，其中《牢记使命与信仰——乌兰夫与三千孤儿》《草原开出团结花——张策培养少数民族干部》《全国战斗英雄部喜德》等红色故事深受观众们的喜爱。

2009年，内蒙古民族解放纪念馆被中宣部公布为第四批全国爱国主义教育示范基地；2011年，被国家民族事务委员会公布为全国民族团结进步教育基地；现为国家AAA级旅游景区。

## 内蒙古小三线军工文化纪念馆

### ——“三线精神”永不褪色

2021年7月，在中国共产党成立100周年之际，内蒙古小三线军工文化纪念馆在乌海市建成并向公众开放。这是内蒙古首个军工文化“三线记忆”纪念馆，全面反映了20世纪60年代内蒙古小三线军工系统建设发展的光辉历程，以及建设者艰苦创业的激情岁月。

内蒙古小三线军工文化纪念馆位于乌海市海南区，占地面积527.6平方米，以保留相对完整的小三线建设时期的厂房、建筑物、构筑物、机械等工业景观为依托而建立，体现了饱经风霜的兵工文化和浓浓的时代情怀。

小三线建设是由中共中央国务院决定，于1965年开始的重要的军工建设运动。小三线建设旨在生产团级以下轻兵器，武装民兵和地方部队，战时支援野战军作战。内蒙古小三线是全国三线建设的重要组成部分，乌海市海南区六五四地区是内蒙古小三线先行建设区域，保存相对完整，蕴含着深厚的内蒙古小三线军工文化内涵。

1964年开始，在中央的安排下，内蒙古自治区党委筹划开展小三线建设。1965年4月，内蒙古第一通用机械厂、第二通用机械厂、第三通用机械厂等7个军工企业，六五四医院、六五四供应站、内蒙古军事工业局招待所及国防工业技工学校等后勤基础

内蒙古小三线军工文化纪念馆外景

配套项目相继落户乌海地区。经过多年建设，乌海地区的小三线建设不仅对地区工业经济的发展做出贡献，也为当地医疗、职业教育事业提供了支持，加快了乌海地区的城市化进程。

【纪念馆简介】

内蒙古小三线军工文化纪念馆分为历史回响、峥嵘岁月和转型蝶变3个展厅，展出三线建设时期具有代表性的生产生活用具、历史文献和军工产品等，通过小三线概述、转型历程、转型成就等单元，图文并茂地再现小三线建设在乌海的发展历程，传承和弘扬“艰苦创业、无私奉献、团结协作、勇于创新”的三线精神。内蒙古小三线军工文化纪念馆的建立，对于发掘和保护乌海地区的历史文化和地域文化具有重要意义。

## 世界反法西斯战争海拉尔纪念园

——对中、俄、蒙抗日历史的追忆

世界反法西斯战争海拉尔纪念园位于呼伦贝尔市海拉尔区北山（原侵华日军海拉尔要塞遗址）。

**侵华日军海拉尔要塞遗址**

纪念园占地面积6平方千米，包含海拉尔要塞遗址博物馆、地面军事遗址复建及地下工事遗址，包括重机枪阵地、野炮阵地、坦克阵地、地下工事通道、日军地下指挥部及士兵宿舍等。

纪念园所在地原是侵华日军海拉尔要塞遗址，在海拉尔要塞地下20米之处，日军构建了地下通道，全长5400余米，共11个出入口。这些庞大的工程是由数万中国劳工的汗水和生命构筑的，他们大多以招工的名义被骗来，还有一些是被强行抓来的。工程完工后，日军将他们分期分批地杀害，埋在海拉尔河东岸的万人

世界反法西斯战争海拉尔纪念园

坑中。地下工事一天天延伸，万人坑的白骨一天天增多，在这些不幸的人中有个比较幸运的人叫张玉甫，他在一个月黑风高的夜晚冲破层层围栏逃了出来，为攻克海拉尔要塞以及最终解放海拉尔起到重要作用。

【纪念园简介】

世界反法西斯战争海拉尔纪念园是以第二次世界大战为主题的国家AAAA级旅游景区，通过对中、俄、蒙抗日历史的追忆，展现抗击法西斯的正义之举，弘扬三国人民的国际主义精神和不屈不挠的民族气概。纪念园既是我国各族人民反抗斗争的历史见

地下工事遗址

证，也是第二次世界大战日军在中国所犯罪行的有力证据，更是中国劳工修建工事的血泪史。

世界反法西斯战争海拉尔纪念园是全国爱国主义教育示范基地；2014年，入选第一批国家级抗战纪念设施、遗址名录；2016年，入选全国红色旅游经典景区名录。

## 绥蒙革命纪念园
### ——展示民族团结革命胜利史

绥蒙革命纪念园位于乌兰察布市凉城县，占地面积为30万平方米。

绥蒙革命纪念园是记录和展示在辛亥革命、抗日战争和解放战争时期，内蒙古境内发生的绥蒙革命的重大历史事件、革命活动，以及乌兰察布革命史和凉城革命史的重要场馆。

绥蒙革命纪念园以铭记革命历史为主题，有绥蒙革命纪念馆、纪念堂和纪念塔3个核心建筑以及雕塑区、革命活动旧址区等，是一处缅怀革命烈士的红色革命纪念园。

**【纪念园简介】**

绥蒙革命纪念馆占地面积2300平方米，由序厅和4个展区组成，通过照片、图版、实景再现、革命文物陈列等展示手段，结合声、光、电效果，全面真实地反映了绥蒙地区各族人民在大革命、土地革命、抗日战争和解放战争时期的革命历史。

绥蒙革命纪念园

绥蒙革命纪念园是自治区唯一一家全面展示绥蒙革命史的综合性革命纪念园。2016年，绥蒙革命纪念馆入选全国红色旅游经典景区名录。

## 集宁战役红色纪念园

### ——再现波澜壮阔的革命历史

集宁战役红色纪念园位于乌兰察布市集宁区。集宁区是平绥铁路线上的军事重镇，地理位置和战略地位十分重要，历来是兵家必争之地。

解放战争时期，国共双方在乌兰察布集宁地区爆发了“集宁争夺战”“大同—集宁战役”“解放集宁战役”，统称“集宁战役”。在集宁战役中，我军参战部队主要为贺龙司令员领导的晋绥军区及其属绥蒙军区部队、聂荣臻司令员领导的晋察冀军区部队及杨成武领导的解放军第三兵团。

集宁战役红色纪念园总占地面积15.5万平方米，以集宁战役纪念馆、乌兰察布党史馆为主展区，包含胜利广场、纪念广场、绥蒙政府纪念广场、将军园、集宁战役指挥部旧址、地道遗址、英烈墙等烈士纪念设施和参观体验景点。

【纪念园简介】

集宁战役红色纪念园包括集宁战役纪念馆、乌兰察布党史馆、胜利广场等馆区及体验馆、书屋等配套设施，其中集宁战役纪念馆占地面积10000平方米、建筑面积4710平方米，于2010年10月29日开馆。馆内基本陈列分为上下两层，展出各类珍贵文物、照片、复制品和艺术作品1200多件。

乌兰察布党史馆占地面积20617平方米，建筑面积7700平方米，陈展面积6000平方米，展线全长2000米，馆内布展内容分为4大部分11个单元，展示了中国共产党在乌兰察布地区发展的历史，生动反映了乌兰察布地方党组织领导人民革命、建设家乡的

集宁战役纪念馆

乌兰察布党史馆

胜利广场

奋斗史、创新史和建设史。

胜利广场占地面积3.4万平方米，以宏大的主题、丰富的内容向参观者展示了古代集宁的建城史、成为军事重镇的发展史及抗战时期的反侵略史。广场的主题雕塑——“胜利主雕”由3位解放军战士铜像和设有“1948”字样的纪念碑组成，配合两座寓意“上阵杀敌”“铸剑促和”的辅雕，展示了1948年集宁解放时，军民共同欢庆胜利的场景。

2016年，集宁战役红色纪念园入选全国红色旅游经典景区名录；2019年，集宁战役旧址被国务院公布为第八批全国重点文物保护单位；2021年，集宁战役纪念馆被中宣部命名为全国爱国主义教育示范基地。

## 内蒙古革命烈士陵园

——烈士英魂在这里安放

内蒙古革命烈士陵园位于呼和浩特市新城区，始建于1963年，1980年清明节正式对外开放。1987年，国家原副主席乌兰夫

内蒙古革命烈士陵园

为其题名“内蒙古革命烈士陵园”。

陵园中存放着荣耀先、多松年、李裕智、刘洪雄和高凤英等先烈的英骨。

**【陵园简介】**

内蒙古革命烈士陵园现有重点保护的烈士纪念建筑物8处，即烈士纪念碑、纪念碑广场、烈士名录碑、内蒙古著名五大烈士汉白玉雕塑群、乌兰夫半身铜像、烈士纪念堂、内蒙古革命斗争史暨革命前辈生平陈列馆和内蒙古革命遗址馆。

内蒙古革命烈士陵园现为内蒙古自治区国防教育基地、全国爱国主义教育示范基地及全国重点烈士纪念建筑物保护单位。

## 五原抗日烈士陵园

——壮士一去不复还

五原抗日烈士陵园位于巴彦淖尔市五原县城北。1940年3月20日，傅作义指挥反攻五原的战斗，经过3个昼夜，日伪军全线崩溃，失地得以收复。五原战役开创了抗战反攻胜利之先河，牵制了日军主力南下，有力地配合了全国各抗日战区的其他战役，

五原抗日烈士陵园

史称“五原大捷”。这次战役中，我军679名将士为国捐躯。傅作义为了缅怀英烈，在此修建了一座抗日烈士墓。

【陵园简介】

五原抗日烈士陵园安葬着679位抗日阵亡将士的忠骨，是当地居民及各地游客瞻仰先烈的重要场所。

2006年，五原抗日烈士陵园被内蒙古自治区人民政府公布为自治区第四批重点文物保护单位。五原抗日烈士陵园是内蒙古地区纪念抗日战争、进行爱国主义教育的红色旅游经典景区，入选第二批100处国家级抗战纪念设施、遗址名录。

## 赤峰烈士陵园

### ——巍巍丰碑记载着烈士的丰功伟绩

赤峰烈士陵园位于赤峰市南山生态园内。1947年，为纪念在抗日战争中牺牲的苏军烈士，建立了赤峰革命烈士纪念碑，1992年迁至现址。赤峰烈士陵园庄严肃穆，铭记着为解放全中国、解放赤峰、抗美援朝以及社会主义建设中英勇牺牲的6582名赤峰籍

赤峰烈士陵园

烈士英名。

【陵园简介】

赤峰烈士陵园占地面积4350平方米，有赤峰革命烈士纪念碑、英名墙、苏联红军烈士纪念碑及烈士墓。

2020年，赤峰烈士陵园被列入第六批全国重点烈士纪念建筑物保护单位名单。

## 乌兰浩特市烈士陵园
### ——革命英烈，浩气长存

乌兰浩特市烈士陵园位于乌兰浩特市北山森林公园东侧，始建于1948年，原址位于乌兰浩特市火车站东150米处，是为纪念解放战争中在乌兰浩特地区牺牲的以及乌兰浩特市籍的烈士而建。1975年，科尔沁右翼前旗政府对园内设施进行重新修建，新建了革命烈士灵堂和革命烈士纪念堂。

**【陵园简介】**

乌兰浩特市烈士陵园的主要建筑物是人民解放战争烈士纪念塔。塔身正面镌刻着乌兰夫题写的“人民解放战争烈士纪念塔”，背面镌刻着“为人民解放战争而牺牲的英雄们，永垂不朽！”。

2000年，乌兰浩特市烈士陵园整体搬迁到市区北部森林公园东侧山上，并按国家级革命烈士纪念建筑物标准进行扩建。新建的烈士纪念碑坐落在烈士陵园最高处，坐北朝南，占地面积1010

烈士纪念碑

平方米，碑身呈火炬形，上面镶嵌着乌兰夫题写的碑名和碑文。碑的左前方和右前方，对称坐落着革命烈士纪念堂和革命烈士灵堂。内蒙古骑兵雕塑位于陵园内右前方。

## 乌审旗革命烈士纪念塔

——革命烈士永垂不朽

乌审旗革命烈士纪念塔位于鄂尔多斯市乌审旗嘎鲁图镇萨拉乌素街。

乌审旗革命烈士陵园

1950年，乌审旗人民政府在达布察克王府寨子修建了烈士纪念塔，塔上刻有烈士英名，1956年拆毁。1964年5月，乌审旗人民政府重新修建革命烈士纪念塔，1965年建成。纪念塔坐落于达布察克镇萨拉乌素街，为群塔建筑。

**【纪念塔简介】**

乌审旗革命烈士纪念塔位于乌审旗革命烈士陵园中心，塔身下部镌刻着烈士英名及牺牲时的职务、地点和籍贯。北面刻有6位烈士英名录，东、南、西3面各刻有21位烈士英名录。塔身上部为四方锥体，顶部有红色五角星。1977年，乌审旗人民政府对纪念塔局部重新维修，增补了16位烈士名录。

## 固阳烈士纪念塔

——可歌可泣的英雄史诗

固阳烈士纪念塔位于包头市固阳县金山镇烈士陵园内。

内蒙古骑兵第四师创建于1946年1月，最初称为内蒙古人民游击队，后改称内蒙古人民自卫军第四支队、内蒙古人民自卫军骑兵第十一师、内蒙古人民解放军骑兵第十一师、中国人民解放军内蒙古骑兵第四师。

内蒙古骑兵第四师创建以后，在东起多伦、西至阿拉善、南起张家口、北至中蒙边界的广阔战场上，与国民党军队浴血奋战。内蒙古骑兵第四师用生命和鲜血保卫了锡、察革命根据地，开辟了巴彦塔拉、乌兰察布解放区，在兄弟部队的配合下，解放了察北8县，为内蒙古人民的解放事业做出了不可磨灭的贡献，也为新中国的诞生建立了不朽的功勋。

保护标志

【纪念塔简介】

固阳烈士纪念塔于1953年4月开工，1955年8月落成。塔顶为一位身骑骏马、手举战刀、背挎马枪的骑兵铜质塑像。塔身正面有乌兰夫的题词："烈士们永垂不朽！"塔基下建有地下室，安放有骑兵第四师在战争中牺牲的350多名烈士遗骨和灵牌。之后，固阳县人民政府多次拨款修建，并在四周栽种松柏树，后扩建成烈士陵园。

2014年，固阳烈士纪念塔被内蒙古自治区人民政府公布为自治区第五批重点文物保护单位。

## 东胜烈士纪念塔

——烈士英名永存

东胜烈士纪念塔位于鄂尔多斯市东胜区宝日陶亥东街鄂尔多斯广场北侧，始建于1953年。塔身正面镌刻着乌兰夫题写的"烈士纪念塔"；背面和两侧面分别是杨植霖、奎璧和姚喆等人的题字；下部的石碑上镌刻着为解放伊克昭盟牺牲的烈士英名；塔座

东胜烈士纪念塔

左右两旁各建造了一个古式六角形凉亭。

【纪念塔简介】

由于年久失修，东胜烈士纪念塔严重受损。1975年，经内蒙古自治区革命委员会和伊克昭盟革命委员会批准，对烈士塔进行全面修缮，并扩建成烈士陵园，于1977年完工。塔身南北面用汉蒙双语题有“革命烈士永垂不朽”，塔座四周有8个鲜红的火炬照耀，代表伊克昭盟的8个旗县。烈士塔正北建有一座白色长廊，廊内立有一座20平方米的长方形烈士碑。

1988年，东胜烈士纪念塔被内蒙古自治区人民政府公布为重点烈士纪念建筑物保护单位。

## 通辽革命烈士纪念碑

——以碑铭记

通辽革命烈士纪念碑位于通辽市科尔沁区明仁公园中央。始建于1958年，是为了纪念为通辽的解放事业而英勇献身的吕明仁、施介、徐永清等革命烈士。

纪念碑内设有灵堂，陈放着为通辽的解放事业而英勇献身的吕明仁、施介、徐永清等革命烈士的骨灰盒。

**【纪念碑简介】**

通辽革命烈士纪念碑仿造北京革命烈士纪念碑样式，碑的正面刻有毛泽东书写的“人民英雄永垂不朽”8个金色大字，后面是蒙古文金字。碑前有宽阔的广场，两侧有10座通辽著名革命烈士塑像和两座石亭。

通辽革命烈士纪念碑

## 麦新烈士陵园

### ——纪念人民音乐家

麦新烈士陵园位于通辽市开鲁县麦新镇正南1000米处，纪念在解放战争中牺牲在开鲁县的麦新烈士。

麦新（1914—1947），原名孙默为，曾用名铁克、孙克等，祖籍江苏常熟，生于上海。1935年，麦新投身革命；1937年，创作著名抗战歌曲《大刀进行曲》；1938年，加入中国共产党。

1940年底，麦新经周恩来和叶剑英介绍到达延安，在鲁迅艺术学院音乐系工作，负责音乐系党支部和音乐工作者协会的工作。1942年，创作了《保卫边区》等革命歌曲。

1946年2月，他从延安奉派来开鲁县工作，任县委秘书兼县委机关党支部书记、宣传部长兼城关区委书记等职。1947年6月6

麦新烈士陵园

麦新照片

日，麦新在芦家段遭土匪袭击，壮烈牺牲，时年33岁。麦新牺牲后，开鲁县政府决定将麦新工作的第五区更名为麦新镇，以表达对麦新烈士的永远怀念。

为了纪念麦新烈士，1971年，在麦新镇南麦新墓所在位置修建了麦新烈士纪念碑和烈士陵园。园内中央矗立着麦新烈士纪念碑，碑身镌刻着“麦新烈士永垂不朽”。

【纪念碑简介】

麦新烈士纪念碑北侧的墓园里安葬着包括麦新在内的12位革命烈士。麦新烈士墓前立花岗岩石碑，石碑上刻有中国音乐家协会原主席吕骥（麦新生前好友）同志题写的“麦新烈士墓”，碑额上刻有象征“大刀进行曲”的图案。

2007年，在麦新烈士牺牲60周年之际，麦新镇党委政府对麦新烈士陵园进行了重新规划和扩建，修建了陵园正门，重新铸造了麦新烈士铜像，基座正面刻写“人民音乐家麦新”，背面是麦新烈士的生平介绍。

1996年，开鲁县麦新烈士纪念碑、纪念馆被内蒙古自治区人

保护标志

民政府公布为自治区第三批重点文物保护单位；2022年，麦新烈士纪念碑入选内蒙古自治区第一批不可移动革命文物名录；麦新纪念馆景区现为国家AAA级旅游景区。

## 柴胡栏子烈士陵园

——血染的丰碑

柴胡栏子烈士陵园位于赤峰市松山区柴胡栏子村。

为缅怀在柴胡栏子事件中不幸牺牲的革命先烈，弘扬烈士的

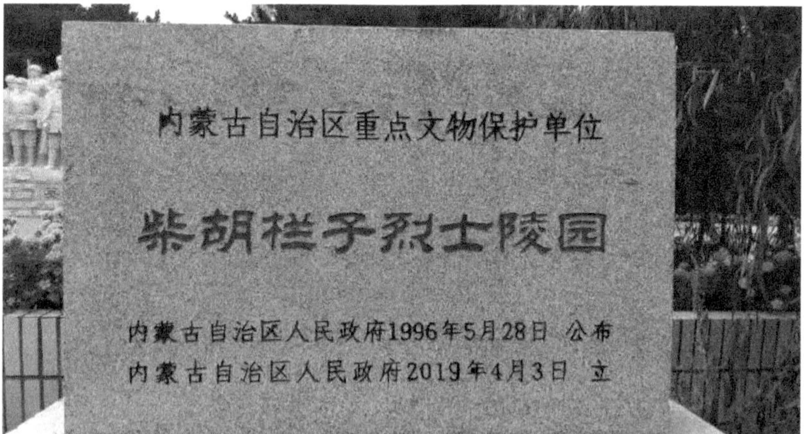


保护标志

柴胡栏子烈士陵园

革命精神，赤峰县（今赤峰市松山区）革命委员会在柴胡栏子村北的山坡上修建了革命烈士纪念碑。1971年，扩建为柴胡栏子烈士陵园。陵园内安葬着1947年在柴胡栏子事件中牺牲的冀察热辽中央局党代会冀东代表团苏林燕等烈士。

陵园最高处坐落着雄伟高大的纪念碑和烈士墓，墓碑上镌刻着烈士英名。烈士墓建在陵园北侧山坡的墓台上，墓群前耸立着一座15米高的革命烈士纪念碑，碑身正面镶嵌着“革命烈士纪念碑”7个大字。

【陵园简介】

柴胡栏子烈士陵园总占地面积15000平方米，由烈士墓、烈士纪念碑和陈列馆组成。陵园依山而建，呈四方形，园内苍松翠柏，郁郁葱葱，整洁干净。陵园内西侧为陈列馆，馆内陈列着在柴胡栏子事件中英勇牺牲的冀东代表团苏林燕等烈士的衣物及有关革命文物。

1996年，柴胡栏子烈士陵园被内蒙古自治区人民政府公布为自治区第三批重点文物保护单位；2022年，入选内蒙古自治区第一批不可移动革命文物名录；现为国家AA级旅游景区。

## 耳沁尧村毛主席纪念碑

——万古长青，永垂不朽

耳沁尧村毛主席纪念碑位于包头市土默特右旗九峰山管委会耳沁尧村北。1976年9月9日，伟大领袖毛泽东溘然长逝，全国人民陷入巨大悲痛之中。为缅怀毛泽东主席，当时的耳沁尧人民公社号召公社全体群众每人集资五角钱，修建毛主席纪念碑。

纪念碑由村民自己设计施工，于1976年10月筹备，1977年9月竣工。

【纪念碑简介】

纪念碑坐北朝南，高18米，占地约64平方米。纪念碑下层正面刻有“毛泽东1893—1976”字样，在上层四周刻有3块连续菱形块装饰。碑体平面呈长方形，正面碑心上部刻有中国共产党党徽图案。

耳沁尧村毛主席纪念碑

耳沁尧村毛主席纪念碑是由乡级政府建造的有文字题刻的毛主席纪念碑，现已成为内蒙古革命传统教育和爱国主义教育的重要场所。2014年，耳沁尧村毛主席纪念碑被内蒙古自治区人民政府公布为自治区第五批重点文物保护单位；2022年，入选内蒙古自治区第一批不可移动革命文物名录。

## 锡林浩特烈士陵园

——缅怀革命英烈

锡林浩特烈士陵园位于锡林郭勒盟锡林浩特市那达慕大街。

1948年冬，解放战争节节胜利，为加强前方的干部力量，更好地开展革命工作，中共锡察巴乌工委在贝子庙召开会议，决定调一批干部前往察哈尔盟工作。12月8日，中共察哈尔盟27位党政干部在开完会返回察哈尔盟的途中，在阿巴嘎旗罕乌拉苏木沙布日台遭遇国民党残匪的伏击，经过半日激战，肖诚、苏剑啸等18位同志为革命献出了宝贵的生命。12月24日，中共锡察巴乌工委、锡察行政委员会在贝子庙东苗圃墓地隆重举行18位烈士的遗体安葬仪式，并于28日召开追悼大会，缅怀革命英烈。

**【纪念碑简介】**

锡林浩特烈士陵园内的烈士纪念碑上镌刻着乌兰夫题写的“革命烈士永垂不朽”。1957年，在锡林浩特原解放路南新建烈士纪念碑。1977年，在额尔敦陶力盖敖包山上重建烈士纪念碑，同时将原苗圃中的烈士遗骨迁入安葬，1982年竣工。

1988年，锡林浩特烈士陵园被内蒙古自治区人民政府公布为内蒙古自治区重点烈士纪念建筑物保护单位。

## 薛岗山烈士陵园

——纪念牺牲在丰镇地区的革命英烈

薛岗山烈士陵园位于乌兰察布市丰镇市东薛岗山上。

为纪念在抗日战争、解放战争和剿匪斗争中牺牲在丰镇地区的革命烈士，1980年8月，中共丰镇县委、县政府在薛岗山顶上建筑了烈士塔。塔身四面刻有“革命烈士永垂不朽”。1988年，丰镇市对烈士塔进行了修缮和配套建设，在烈士塔的基础上扩建成一座烈士陵园并立碑。

**【陵园简介】**

薛岗山烈士陵园内安放着王士鑫、霍忠和等烈士的骨灰、衣冢，墓碑上刻着烈士的生平事迹。

1988年，薛岗山烈士陵园被内蒙古自治区人民政府公布为内

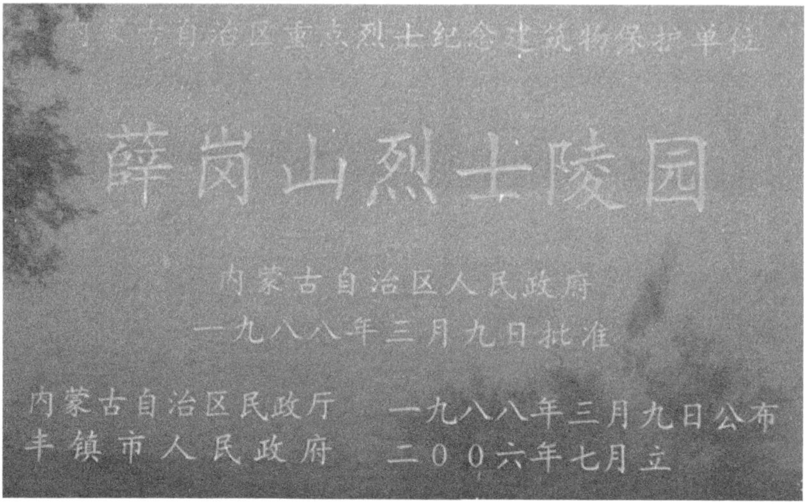


保护标志

蒙古自治区重点烈士纪念建筑物保护单位。

## 李裕智烈士纪念塔

——短暂的生命，不朽的功勋

李裕智烈士纪念塔位于呼和浩特市托克托县双河镇河口村。

李裕智烈士纪念塔和雕塑

李裕智（1901—1927），蒙古族，字若愚。1901年，李裕智出生于土默特旗双墙村（今托克托县双河镇河口村）；1923年，考入蒙藏学校。李裕智在李大钊和中共北方党组织的感召和培养下，接受了马克思主义，并于1924年加入中国共产党，是中国共产党早期的蒙古族党员之一。

1925年初，李裕智受中共北方区委的派遣回到包头地区开展工作，秘密组建中共包头工作委员会并担任书记。他深入工厂、农村、牧区、学校、军队及商界中广泛开展宣传活动，建立党团组织，发展了30多名党团员，与中共党员吉雅泰发动了归绥各界群众的反帝爱国斗争，组织游行集会开展募捐活动，还深入附近农村进行宣传，激发了归绥城乡各界民众的爱国热情。在包头，李裕智深入农村、牧区向各族民众宣传马克思主义思想，讲解革命道理，相继在萨拉齐等地建立了农民协会，使党的影响力在农牧民群众中日益扩大。李裕智成功发动了有千余人参加的石拐煤矿大罢工，这也是内蒙古西部规模较大的工人罢工运动。

1926年9月，李裕智任内蒙古人民革命军前敌副总指挥兼第一路军司令。他经常深入部队抓政治教育和军事训练，提高了部队的政治、军事素质，并带领党员干部分赴乌兰察布、察哈尔、土默特等盟旗招募农牧民参军。10月8日，李裕智率领骑兵东渡黄河开赴伊克昭盟乌审旗，被叛徒杀害于毛乌素沙漠，年仅26岁。在短暂的一生中，李裕智为党、为内蒙古的解放事业立下了不朽的功勋，他用自己年轻的生命谱写了壮丽的篇章。

**【纪念塔简介】**

为纪念李裕智烈士，呼和浩特市托克托县人民政府于1981年修建了李裕智烈士纪念塔，塔身刻有乌兰夫同志的题词“李裕智烈士永垂不朽”。1996年，托克托县李裕智烈士纪念塔被内蒙古自治区人民政府公布为自治区第三批重点文物保护单位；2022年，入选内蒙古自治区第一批不可移动革命文物名录。

## 关起义烈士纪念碑

——纪念为解放草原而捐躯的英烈

关起义烈士纪念碑位于锡林郭勒盟正蓝旗其莫德村宋家营子。

关起义（1904—1947），字冀青，别名刘元复，蒙古族名为吉鲁木图，祖籍内蒙古哲里木盟科尔沁左翼中旗，出生于辽宁省康平县西关屯一户蒙古族农民家庭。1927年，关起义考入东北大学理工学院建筑系，攻读土木工程专业；1931年，被选为赴德留学生。

关起义

九一八事变后，关起义加入辽北抗日义勇军，任支队参谋长，率部队在哲里木（今通辽）、彰武、康平一带参与指

关起义烈士纪念碑

挥对日作战，沉重地打击了日军；后随部队转往察北，与北平地下党取得联系，从事统战联络工作。1940年秋，在党组织的安排下赴延安民族学院执教，为培养少数民族干部做出贡献。抗战胜利后，关起义来到张家口，投身于党领导下的内蒙古自治运动，当选为内蒙古自治运动联合会执行委员，负责秘书处工作。

1946年，关起义加入中国共产党，任察哈尔盟代理盟长。1947年1月6日，关起义带领工作组在哈毕日嘎奇门地沟（其莫德村）一带开展工作时，遭遇国民党包围，在战斗中壮烈牺牲，时年43岁。

**【纪念碑简介】**

为纪念关起义烈士，内蒙古自治区人民政府于1981年修建了关起义烈士纪念碑。碑高7米，基座为正方形。

2014年，关起义烈士纪念碑被内蒙古自治区人民政府公布为自治区第五批重点文物保护单位；2022年，入选内蒙古自治区第一批不可移动革命文物名录。

# 第五章　博物馆等红色场馆及红色文化旅游景区

## 中东铁路博物馆

——追寻历史留下的痕迹

中东铁路博物馆位于扎兰屯市，建于1909年，其前身为沙

中东铁路博物馆

俄森林警察大队旧址，2008年改建为中东铁路博物馆，建筑面积1020平方米，是一座以中东铁路为主题的专题博物馆。

馆藏文物分为东省铁路时期、南满铁路和中东铁路时期、伪满铁路时期及中长铁路时期，陈列历史图片、文物千余件，展现了中东铁路沿线历史遗址及当时的实物等。

中东铁路，初称“东清铁路”“东省铁路”，建成于1903年。总干线西起满洲里，东至绥芬河，南部支线从哈尔滨起至旅顺口。2018年，中东铁路入选中国工业遗产保护名录；中东铁路博物馆现为国家AA级旅游景区。

## 内蒙古博物院

——内蒙古的“百科全书”

内蒙古博物院位于内蒙古呼和浩特市新城区新华东街27号。

内蒙古博物院的前身是内蒙古博物馆，始建于1957年，是自治区成立10周年大庆的重点项目；2008年，改称内蒙古博物院。内蒙古博物院是集文物收藏、研究、展示于一体的综合性博物馆，为国家一级博物馆。

内蒙古博物院主体建筑面积64000平方米，展览面积15000平方米，设置“远古世界”“文明曙光”“边关岁月”“大辽契丹”“交融的魅力”“草原丰碑”6个基本陈列，着重反映蒙古高原从远古时期到中华文明起源、发展、升华的历史进程。另外设有“北疆桦歌”“亮丽内蒙古”“飞天神舟”“廉政文化”“数字文物”5个专题展览。其中“大辽契丹”“天骄蒙古”（现改为“交融的魅力”）两个展览曾分别被评为第十五届（2017年度）、第十六届（2018年度）全国博物馆十大陈列展览

内蒙古博物院外景

精品奖，“远古世界”展览被评为第十九届（2021年度）全国博物馆陈列展览优秀奖。

内蒙古博物院收藏有古生物化石、历史文物及民族民俗文物15万余件，其中珍贵文物5600件套，国家一级文物650件套，是国内外游客了解内蒙古的“百科全书”。

内蒙古博物院现为全国爱国主义教育示范基地、国家AAAA级旅游景区。

## 鄂尔多斯革命历史博物馆

——鄂尔多斯历史文化的“会客厅”

鄂尔多斯革命历史博物馆位于鄂尔多斯市东胜区宝日陶亥街，前身为伊克昭盟行政公署办公楼，始建于1954年。2001至2007年，该建筑为鄂尔多斯市人民政府办公楼；2009年，改为鄂尔多斯革命历史博物馆。该建筑共有3层，是鄂尔多斯市保存较完整的20世纪50年代典型建筑。

鄂尔多斯革命历史博物馆是内蒙古自治区目前唯一一座建立

鄂尔多斯革命历史博物馆

在盟行政公署旧址上的近现代革命历史博物馆，承担着保护历史建筑与对外展出的双重任务，因此悬挂两块牌匾，分别是“鄂尔多斯革命历史博物馆”和“伊克昭盟纪念馆”。展览分7个部分：“鄂尔多斯概况”“黑暗中的抗争”“血与火的岁月”“风雨中前行”“走进新时代”“奋进中的崛起”及“高歌向未来”。展出图片共280余幅、珍贵文物300余件。通过实物、图片、场景复原和声、光、电等高科技手段，突出历史发展脉络，弘扬以革命英雄主义、爱国主义为核心的民族精神，突显地区特色。

## 东风航天城

### ——梦想起航的地方

中国航天第一港——东风航天城，位于阿拉善盟额济纳旗东风镇，地处巴丹吉林沙漠西部黑河下游地区的宝日乌拉草原。

东风航天城又称“酒泉卫星发射中心”，创建于1958年。1992年8月11日，江泽民总书记提名为“东风航天城”。这里是中华民族实现几千年飞天梦的地方。

1955年，为增强国防实力，党中央做出发展原子能、研制原子弹的决策。1958年3月，中共中央批准在额济纳旗建设中国第一个陆上综合导弹试验靶场。1960年，基地建设完成并投入使用。这里成为我国第一个导弹卫星综合试验基地，即后来的东风航天城，又称“酒泉卫星发射中心”。东风航天城主要负责测试及发射长征系列运载火箭、中低轨道的各种试验卫星、载人飞船和火箭导弹，以及残骸回收、航天员应急救生等任务。

从1960年成功发射第一枚国产近程导弹“东风一号”至今，这里已成功进行了1000多次各类火箭发射试验，创造了我国航天

东风航天城

东风航天城

东风航天城1号发射场远景

东风航天城2号发射场

史上波澜壮阔的多个“第一”，为创建和发展我国“两弹一星”事业和国防尖端科技事业做出了杰出贡献。东风航天城是我国建设最早、规模最大的卫星发射中心，也是我国载人航天飞船的发射场，被誉为“中国航天第一城”。

东风航天城不仅展示了我国的航天技术的实力，圆了中华民族的飞天梦，而且也将地处内蒙古阿拉善盟的额济纳旗一并载入祖国的航天史册。

东风航天城导弹综合试验基地包括1号、2号、50号发射场和东风革命烈士陵园。1号、2号、50号发射场现均已退役，作为爱

航天发射场警示钟

指挥所外景

指挥所内景

国主义教育基地供人们参观。

1号发射场位于阿拉善盟额济纳旗东风镇宝日马拉嘎查西北26千米处，建造在荒漠戈壁上，建于1959年11月，1964年8月和1965年11月进行过两次扩建。它主要用于发射小型飞船导弹。

2号发射场位于宝日马拉嘎查西北21.7千米处。它是“东风三号”中程导弹全程试验、“东风四号”导弹初期试验和“东风五号”洲际弹道式导弹飞行试验的发射地，也是各种卫星（侦察、气象、科学实验等卫星）的试验发射场地。

东风礼堂

50号发射场位于宝日乌拉嘎查西北33千米处，建于1966年7月25日，9月25日竣工并投入使用。50号发射场是发射“东风二号”导弹与核武器两弹结合热试验的简易场地。

东风革命烈士陵园位于基地十号区东北4公里处，始建于20世纪60年代初。1988年，重新规划整修，四周建起围墙，园内建立象征国防科技战士扎根戈壁、志在航天的纪念碑，聂荣臻元帅题写了“东风革命烈士纪念碑”碑名，张爱萍上将题写了“东风革命烈士陵园”园名。

2006年，东风航天城导弹综合试验基地被内蒙古自治区人民政府公布为自治区第四批重点文物保护单位；2018年，入选中国工业遗产保护名录；2022年，入选内蒙古自治区第一批不可移动革命文物名录；东风航天城旅游区现为国家AAAA级旅游景区。

## 包钢一号高炉

——功勋高炉的光和热

包钢一号高炉位于包头市昆都仑区包头钢铁（集团）有限责

任公司炼铁厂内。

1953年，我国制定第一个五年计划，包头被确定为国家重点工业基地，当时的包头钢铁公司（简称“包钢”）是156项重点工程之一。

包钢建设汇聚了全国人民的力量。1958年，包钢处于大规模建设时期，一号高炉建设却遇到设备和建设材料供应不足的难题。国务院、国家经委、铁道部等多次召开专门会议，研究包钢面临的问题。

包钢建厂开工典礼大会

全国上下迅速掀起支援包钢的热潮，每天都有设备和材料运到包钢。鞍钢除运送钢材外，还支援各级干部、工程技术人员及生产技术工人，并为包钢培训了大批工人。上海、沈阳、大连等地的企业日夜赶制设备，原北京军区、空军和民航派出汽车和飞机，为包钢运送物资和设备。内蒙古自治区党委成立了自治区支援包钢建设委员会，组织各盟市优先供应建设所需物资，全力为包钢解决困难。包头市委动员全市人民为包钢建成一批生产生活设施，并提供大批建筑材料支援包钢建设。在全国支援的热潮下，包钢的建设以超常的速度进行着。

包钢一号高炉

1959年9月26日，包钢一号高炉流出第一炉铁水，结束了内蒙古“不产寸铁”的历史。如今，这座功勋高炉仍然在为祖国的钢铁事业奉献着自己的光和热。

2014年，包钢一号高炉被内蒙古自治区人民政府公布为自治区第五批重点文物保护单位；2019年，包头钢铁公司被列入第二批中国工业遗产保护名录；2022年，包钢一号高炉入选自治区第一批不可移动革命文物名录；包括包钢一号高炉在内的包钢工业旅游景区现为国家AAA级旅游景区。

## 北方兵器城

——传播军工文化，激发爱国情感

北方兵器城坐落于内蒙古包头市青山区。景区占地面积17.4万平方米，由东区、中区组成。目前，中区有陆、海、空各类代表性武器装备40余门。此外，还有20世纪60年代高尖端武器，多次击落美制U—2无人侦察机的红旗Ⅱ号导弹，在西沙海战立下赫赫战功的双57毫米舰炮，以及203毫米牵引炮、双57毫米自行火

北方兵器城外景

炮、水陆两用坦克、水陆两用装甲车等。

在众多重武器的簇拥下，北方兵器城中的蒸汽机车成为一道亮丽的风景。蒸汽机车为军工企业生产各环节的周转、倒运、生产材料输送及产品外发立下了汗马功劳，为国防工业建设做出了卓越的贡献。

在八一广场中心屹立着我国兵工专家吴运铎的雕塑及吴运铎事迹展览馆。

地下游览区展示了中国国防图片、部分近现代轻武器模型、图片，并设有手枪、机枪、实弹实验场。游客不仅可以游览参观，了解兵器知识，而且可以动手体验。

北方兵器城已经成为激发爱国主义情感、增长兵器知识的重要场所，成为社会各界人士了解包头、了解内蒙古的一个重要窗口。2014年，北方兵器城被内蒙古自治区人民政府公布为自治区第五批重点文物保护单位；现为国家AAAA级旅游景区。

## 老牛坡红色文化旅游区
### ——通往革命圣地延安的重要通道

老牛坡红色文化旅游区位于呼和浩特市清水河县，是清水河县、偏关县、平鲁区两省三地的交会处。老牛坡的战略位置极其重要，既是连接晋绥抗日根据地和陕甘宁边区的重要枢纽，也是通往革命圣地延安的重要通道。

1936年9月，共产党员潘密遵照上级党组织指示，回到家乡老牛坡村，秘密开展地下工作。1937年10月，老牛坡村秘密成立了党支部。这是抗战时期内蒙古、山西两地交界地区成立较早的农村党支部，是晋绥边区红色政权的重要组成部分。老牛坡党支部成立后，潘密迅速组织和发展革命力量，在周边的自然村发展了多名党员，成立了3支抗日游击队，为开展游击战准备了力量。游击队在当地群众的支持下不断壮大。在抗战最艰苦的时期，老牛坡党支部还成立了农救会、妇救会等抗日群众组织，组建民兵武装，配合八路军同日伪军进行艰苦卓绝的斗争。

老牛坡党支部成了当地老百姓心目中坚不可摧的战斗堡垒，在党支部的领导下，老牛坡培养了许多优秀的革命干部和党员，为革命军队输送了大量兵员。为晋绥地区抗日战争和解放战争的胜利做出了重要贡献。

老牛坡党支部旧址原貌

老牛坡党支部旧址全景（复原）

经过战争年代血与火的洗礼，中华人民共和国成立后，这块红色热土重新焕发出灿烂的光芒。老牛坡依托革命老区的红色文化资源，建立党员教育基地，推动当地旅游发展，带动村民脱贫致富。

1. 老牛坡党支部旧址

老牛坡党支部旧址（复原）位于老牛坡村村口南，是一处具有浓郁晋北风格的窑洞。旧址为农村四合院式建筑，远看像房，近看是窑，建有窑洞式大门门楼，是因地制宜的建筑形式。老牛坡党支部旧址再现了战争时期，当地人民在党的领导下积极开展革命斗争的场景。

老牛坡红色文化旅游区

2. 北堡村抗战遗址

北堡村抗战遗址位于北堡村，展现了长城脚下抗战军民英勇斗争、奋起反抗的革命精神。

在北堡村西北方向1公里处，建有北堡革命烈士纪念碑广场，缅怀先烈丰功伟绩，传承革命斗争精神。

3. 老牛坡党支部展馆

老牛坡党支部展馆位于老牛坡村村口，建筑面积420平方米。展馆分4篇：第一篇，抗战烽火，照亮绥南；第二篇，艰难岁月，红色堡垒；第三篇，革命先驱，风范长存；第四篇，不忘初心，继续前进。

老牛坡红色文化旅游区是党员干部党性教育和爱国主义教育

基地，现为国家AAAA级旅游景区。

## 城川红色文化旅游区

——重温激情燃烧的岁月

城川红色文化旅游区位于鄂尔多斯市鄂托克前旗城川镇。这里地处内蒙古、陕、宁交界处，现已构建“1+6”红色培训教育基地布局。“1”就是以延安民族学院城川纪念馆和城川民族干部学院为中心，集中开展干部培训教育；“6”就是三段地革命历史纪念馆，城川红色国际秘密交通站陈列馆，马良诚、顾寿山烈士纪念陵园，王震井纪念园，阳早寒春三边牧场陈列馆和滴哨沟战场纪念园6个红色教学景点。

1．延安民族学院城川纪念馆

延安民族学院城川纪念馆由城川民族学院旧址改建而成。办学期间，延安民族学院开展了一系列民族理论研究和统战工作，培养了一大批优秀的人才，成为培养少数民族干部的摇篮。特别是以乌兰夫、刘春、王铎、关起义、李森等为代表的民族学院师

城川民族学院旧址

延安民族学院城川纪念馆

生，为党的民族政策的形成、实施和完善以及内蒙古自治区的成立做出了重要贡献。

抗日战争时期，为加快培养少数民族干部，组织动员各族人民参加抗战，1941年，中共中央在延安文化沟成立了被誉为“中国第一所培养少数民族干部的高等学府”——延安民族学院。

1945年3月，为了适应内蒙古地区民族工作发展的需要，进一步培养少数民族干部，延安民族学院迁到鄂托克旗（今鄂托克前旗）城川，改称城川民族学院。在抗日战争和解放战争时期，城川民族学院为中国共产党培养了一大批少数民族干部，他们成为优秀的社会主义建设者和民族工作者。

城川民族学院旧址，原为1945年2月设立的中共伊盟工委旧址。2002年9月，在旧址上建立起延安民族学院城川纪念馆。

纪念馆重点阐释延安民族学院在少数民族干部培养、民族政策研究和民族区域自治制度探索中的突出贡献和重大意义，向全国各族群众展示“中国第一所培训少数民族干部的高等学府”的时代意义和历史价值。在这里，可以领略城川民族学院的红色文化魅力，追寻坚定的信仰以及不变的初心和使命。

2. 三段地革命历史纪念馆

三段地革命历史纪念馆位于鄂尔多斯市鄂托克前旗敖勒召其镇三段地社区，由中共三段地工委旧址扩建而成。

中共三段地工委旧址为四合院式建筑。旧址为土木结构建

中共三段地工委展室

保护标志

三段地革命历史纪念馆

筑，由中共三段地工委办公旧址、剧场旧址、“公盛西”商号旧址及地下工作旧址组成。

1986年，鄂托克旗人民政府对中共三段地工委旧址进行修缮，并在旧址内设展厅，展出反映当时革命斗争内容的文献、文物及图片等资料。

1996年，鄂托克前旗中共三段地工委旧址被内蒙古自治区人民政府公布为自治区第三批重点文物保护单位。

3．城川红色国际秘密交通站陈列馆

城川红色国际秘密交通站陈列馆主要建有陈列馆、杨宝山旧居、纪念碑、景观廊道等，介绍了国际交通线和以杨宝山为代表的老一辈机要交通员对党忠诚、为党的事业出生入死的英雄事

城川红色国际秘密交通站陈列馆

迹，教育广大党员铭记历史，向先辈学习，牢固树立忠诚、担当的革命精神。

4．马良诚、顾寿山烈士纪念陵园

马良诚、顾寿山烈士纪念陵园内有战马雕塑、浮雕墙及纪念碑等，集中展示以马良诚、顾寿山为代表的一大批革命者为党的解放事业英勇捐躯的革命事迹。

5．王震井纪念园

王震井纪念园位于鄂尔多斯市鄂托克前旗城川镇城川嘎查东约15公里处。1942年，陕甘宁边区军民响应党中央“自己动

马良诚、顾寿山烈士纪念陵园

王震井

王震井纪念园

手、丰衣足食”的号召，在八路军359旅旅长王震的率领下发展生产。1944年，八路军的一支部队来到城川一带。为解决饮水困难，他们开凿了这眼井，当地群众称之为“王震井”。

王震井纪念园集中展示边区军民发展生产和城川革命历史的光辉历程，教育广大学员、干部铭记那段艰苦岁月，弘扬并传承艰苦奋斗的优良传统。2006年，王震井被内蒙古自治区人民政府公布为自治区第四批重点文物保护单位。

6. 阳旱寒春三边牧场陈列馆

阳早寒春三边牧场陈列馆集中展示为共产主义信仰来到中国的美国友人阳早、寒春夫妇的国际共产主义精神以及为解放区的牲畜品种改良、动物疫病防治做出的突出贡献。

7. 滴哨沟战场纪念园

滴哨沟战场纪念园有滴哨沟纪念碑、大型浮雕墙等，展示了伊克昭盟支队为了民族解放及根据地建设顽强抵抗、英勇献身的革命事迹。

城川红色文化旅游区有着丰富、厚重的红色革命文化，散发

阳早寒春三边牧场陈列馆

滴哨沟战场纪念园

着时代光辉，现为国家AAAA级旅游景区。人们沿着红色足迹，感受红色情怀，追忆在这片红色土地上的红色印记、红色信仰及红色理想。

## 桃力民爱国主义教育基地

### ——内蒙古“红色柳林区”里的革命历史

桃力民爱国主义教育基地，包括桃力民红色文化教育基地和桃力民红色文化现场教学基地两大部分。

近年来，鄂托克旗立足丰厚的红色文化资源，按照“一址、一馆、一中心”的建设思路，修建了包括桃力民抗日根据地旧址、桃力民抗日根据地陈列馆和桃力民爱国主义教育培训中心在内的桃力民红色文化教育基地，将逐步建设成为全国爱国主义教育基地、民族干部培训基地和乡村振兴示范基地。

1. 桃力民抗日根据地旧址

桃力民抗日根据地旧址位于木凯淖尔镇桃力民村，总占地面积约25万平方米。

1938年6月，中共绥蒙工委决定成立桃力民工作委员会（简称“桃力民工委”），桃力民工委以桃力民小学为掩护，通过多种形式积极宣传、动员广大群众，开展抗日救亡的各项工作。

到1939年春，建立了木凯淖、大克泊、东桃楞、木花稍、红石头井、五台塔井6个党支部，发展党员60余名，在这一地区形成了较为完整的组织系统和骨干队伍。11月，为巩固桃力民抗日根据地，在此组建中共伊克昭盟工委，以八路军联络处的名义开展党的工作。自此，桃力民成为党在鄂尔多斯革命斗争的重要据点，成为延安通往大青山抗日游击根据地的重要中转站。

2. 桃力民抗日根据地陈列馆

桃力民抗日根据地陈列馆是鄂托克旗红色文化教育基地的一

扩建后的中共桃力民工委、中共伊克昭盟工委活动旧址

个现场教学点。

桃力民抗日根据地是中国共产党在内蒙古地区创建的抗日根据地，素有“红色柳林区”之称，是名副其实的革命老区。中国共产党团结带领桃力民各族人民在这里进行了艰苦卓绝的斗争，阻击了日寇跨越黄河、占领伊克昭盟南下的阴谋，维护了团结抗战大局。这里是中国共产党领导内蒙古中西部地区革命力量进行抗日斗争、解放战争的重要根据地，是党的民族政策的示范基地。

3．桃力民爱国主义教育培训中心

桃力民爱国主义教育培训中心于2020年正式启用，为内蒙古自治区8个党校教育基地之一。总占地面积约6.8万平方米，包括培训教室、讨论室、公共服务中心以及相关配套设施。培训中心旨在进一步引导党员干部、广大游客及当地农牧民知史爱党，知史爱国，传承红色基因，厚植家国情怀，让红色文化在基地流动。

桃力民爱国主义教育基地的建成，为鄂尔多斯市红色教育培训和红色文化旅游产业发展再添一张新名片。

## 满洲里市国门景区

### ——百年口岸的红色记忆

满洲里市国门景区位于呼伦贝尔市满洲里市。国门景区作为满洲里的“城市名片”，是全国红色旅游经典景区之一，标志性景观包括国门、41号界碑、满洲里红色国际秘密交通线遗迹、红色旅游展厅、中共六大展览馆等。

1．满洲里国门

满洲里国门位于中俄两国铁路连接点中方境内，现为第五代国门，于2008年建成。国门顶部有瞭望厅，一边可远眺俄罗斯后贝加尔斯克市的风貌，一边可欣赏中国满洲里市全景。门上方有国徽和“中华人民共和国”7个鲜红大字。

2．41号界碑

在满洲里国门后，可以看到与我国国门相对的俄罗斯国门。在两国国门中间，41号界碑赫然屹立。

满洲里第五代国门

41号界碑

3．满洲里红色国际秘密交通线遗迹

满洲里红色国际秘密交通线遗迹位于国门景区内，是形成时间较早、持续时间较长、发挥作用较大的一条红色国际秘密交通线。现已形成包括满洲里红色国际秘密交通线纪念广场和满洲里红色国际秘密交通线陈列馆等革命历史遗址、遗迹等在内的满洲里红色国际秘密交通线教育基地，生动再现了中国共产党早期领导者为建党建国、抗击外来侵略以及与共产国际保持密切联系的国际秘密

满洲里红色国际秘密交通线教育基地石碑

交通线原貌，展示了老一辈革命家在满洲里留下的光辉足绩。

4. 满洲里市红色旅游展厅

满洲里市红色旅游展厅原为满洲里中苏会谈会晤室，建于1974年；2005年6月，改建为红色旅游展厅。2006年初，红色旅游展厅二期工程即“共产国际”展厅和游客接待厅建成。展厅内有300余幅珍贵的照片、实物及满洲里红色国际秘密交通线沙盘。2007年7月，完成了红色旅游展厅——以“红色后代”为主题的三期扩建工程，展厅建筑面积1880平方米。展厅以满洲里红色国际秘密交通线为主题，分为满洲里红色国际秘密交通线、真理之路、中共六大、胜利曙光、红色溯源（实物展示）及中苏会谈会晤室等。

满洲里中俄边境旅游区现为国家AAAAA级旅游景区。

## 布苏里北疆军事文化旅游区

### ——茂密森林中的红色旅游景区

“布苏里”是鄂伦春语，意为森林茂密的地方。布苏里北疆

布苏里北疆军事文化旅游区

军事文化旅游区地处大兴安岭南麓呼伦贝尔市鄂伦春自治旗吉文镇，原为嘎仙沟军事基地，占地面积23.4平方千米。20世纪60年代，中共中央作出了“深挖洞，广积粮”的战略决策，布苏里军事后勤储备基地应运而生。1999年，部队撤出军事基地，交付地方看管；2001年，开发改建成为布苏里军事文化旅游景区。

布苏里北疆军事文化旅游区现为国家AAAA级旅游景区。

## 二连浩特市国门景区

### ——祖国北疆亮丽风景

“二连浩特”，意为色彩斑斓的城市。1992年，经国务院批准，二连浩特市成为我国对外开放的13个沿边开放城市之一，是

二连浩特国门

面对蒙古国开放的口岸，也是重要的进出口物资集散地。随着公路、铁路及航空立体化交通网络的形成，二连浩特市逐步成为一座开放性、多元性的国际化口岸城市。

二连浩特国门现为第三代国门，建成于2007年。国门庄严肃穆，在乳白色的门体上方镶刻着“中华人民共和国”7个鲜红大字，上面悬挂的国徽闪耀着金光。国门下方的中蒙铁路是连接首都北京和乌兰巴托、莫斯科的铁路交通大动脉。

二连浩特市国门旅游景区以国门、界碑为核心，以边关文化和爱国主义教育为主题，是集旅游观光、军旅体验、爱国主义教育于一体的综合性景区，现为国家AAAA级旅游景区。

# 第六章　早期革命刊物、红色题材文学作品

## 《蒙古农民》

### ——内蒙古第一份革命刊物

《蒙古农民》创刊于1925年，是在中共北方地区组织和李大钊同志的提议和指导下，由早一批共产党员多松年、乌兰夫、奎

《蒙古农民》插图

《蒙古农民》第一期发刊词和插图

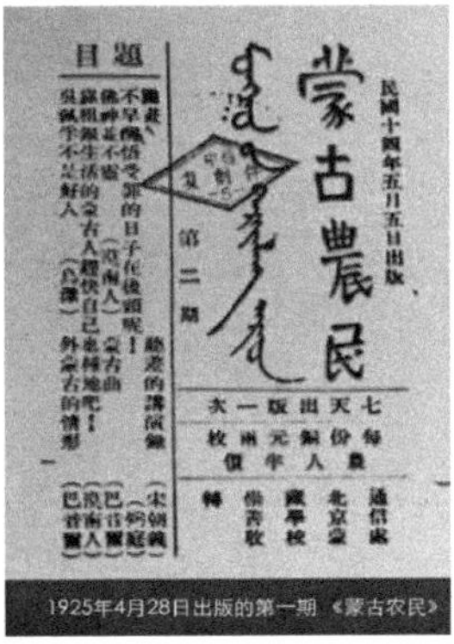


1925年4月28日出版的第一期《蒙古农民》

《蒙古农民》第一、二期封面和插图

壁等人创办的革命刊物，对推动内蒙古地区的革命斗争起到了重要的启蒙作用。

1925年初，李大钊委托邓中夏、赵世炎动员蒙藏学校的党团组织办一份刊物，向内蒙古各族群众宣传马列主义，宣传中国共产党的政治主张和民族政策，宣传反帝反封建的革命思想，唤醒内蒙古各地群众。当时在蒙藏学校就读的多松年、乌兰夫和奎璧接受了任务，开始秘密开始筹办刊物。他们经过反复研究，确定刊名为《蒙古农民》，以民谣等形式宣传革命思想。没有经费，他们就省吃俭用从生活中挤，或者向党团组织求援。为了办好刊物，多松年还专门到察哈尔、绥远地区做了十多天的社会调查。

经过将近一个月的紧张准备和编印，1925年4月，内蒙古历史上第一份革命刊物——《蒙古农民》诞生了。《蒙古农民》第一期第一篇文章以“开篇的话”为题，只有16个字，即“蒙古农民的仇人是——军阀、帝国主义、王公”，开宗明义地宣布《蒙古农民》就是要以宣传中国共产党的反帝反封建的民主革命思想为宗旨，揭露军阀、王公对内蒙古人民的压迫、剥削和帝国主义的侵略恶行，并且一针见血地指出这三者是蒙古农民一致的仇人。刊载的文章还有《为什么出这个报？》《直奉打仗内蒙古农民遭殃》等。由于其内容深刻丰富，形式短小精悍，表述生动活泼，受到内蒙古广大农牧民的欢迎。

【内容采撷】

《蒙古农民》

天光光，地光光，军阀不倒民遭殃！

天光光，地光光，王公不倒民悲伤！

天光光，地光光，列强欺压哭断肠！

——《蒙古农民》（第一期，1925年4月）

## 火坑社及《火坑》《塞风》

——第一个社团及其刊物

1925年，杨令德创办的文艺副刊《火坑》为绥远地区第一个文艺刊物。杨令德和几位文学青年以刊名“火坑”成立火坑社。1926年，创办了文学周刊《塞风》，1937年停刊。这些报纸期刊对于开启民智、发展文化起到了重要作用。除了报道时政要闻、社会发展等重要问题之外，还广泛登载文学作品，反映人民的心声。

【内容采撷】

文学作家不能离开时代，也就是说一个文学作家非能如飞将军

《西北日报》副刊《塞风》中发表的抗战诗歌

之从天而降，而是具有时代的背景，与文教的养成的。所以一个文学作家在初期的发轫之时，创作之始，这是最紧要的关头，但究竟应如何深刻的修养，潜沉的练达，都是必然的势所不免的一定要走的路程。

——《初期文学作家的技巧与意识问题》

（《塞风》1932年第6期）

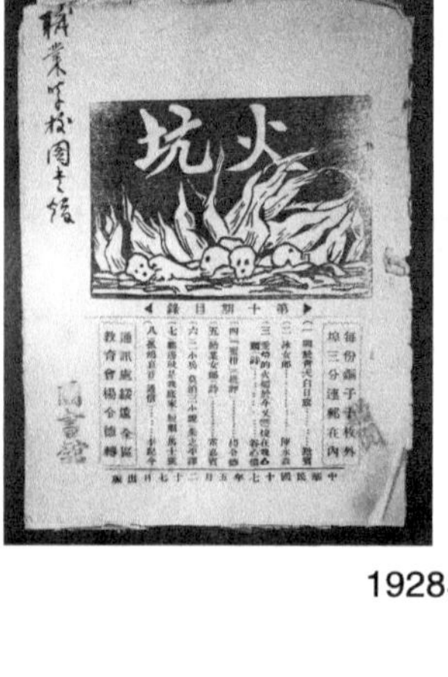


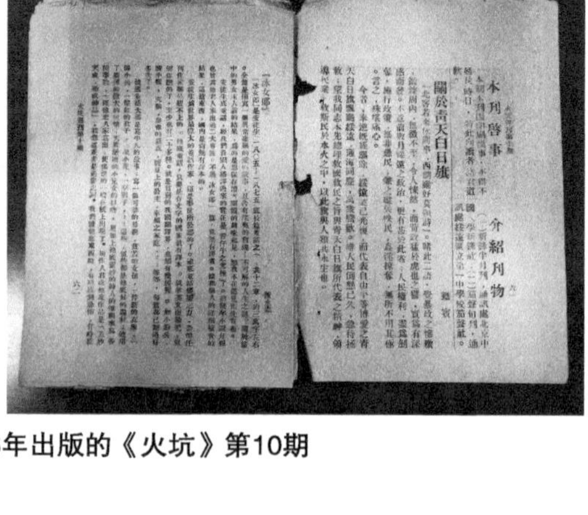


1928年出版的《火坑》第10期

寒风发出的呼号，
是我们前征的信号，
摸索着前进吧，
黑暗没有几时了！

——杨植霖《奔流》（《塞风》，1936年5月）

## 《绥远旅平学会学刊》
### ——绥远地区第一份期刊

1919年，旅居北平的绥远人士为联络在北平读书的绥远籍学生，成立了绥远旅京同学会（后改名为绥远旅平同学会），并创办了《绥远旅京同学会刊 》（后改称《绥远旅平学会学刊》《绥远旅平学会会刊》等）。绥远旅平同学会的成员都是绥远籍人，核心人物有宋之的、石寄圃、张遐民等。

《绥远旅平学会学刊》除了介绍绥远地方文化、政治、经济、民生及教育等问题外，还刊登过大量的文学作品。1937年，这份综合性刊物被迫停刊。

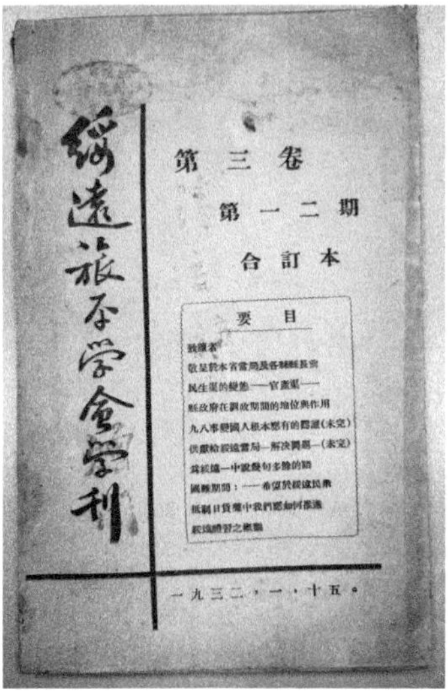


《绥远旅平学会学刊》1932年第三卷第12期

《绥远旅平学会学刊》1934年2号

【内容采撷】

对民众疾苦极力向外张扬，以谋拯救之方；对地方当局设法多方建议，以尽公民之责；对同学品行勉励规磨锻炼，以期互助之益。

——《绥远旅平学会学刊》（第二卷第1期）

要深深地走到民众中，成为民众的喉舌……

——《绥远旅平学会学刊声明》（1928年）

## 绥远反帝大同盟及其刊物《血星》

1931年，中共地下党员杜如薪和进步青年苏谦益创办了油印刊物《血腥》。1932年6月下旬，绥远反帝大同盟正式成立，杜如薪任书记，苏谦益负责宣传，马麟分管组织，主要成员有王炳

绥远反帝大同盟包头旧址

绥远反帝大同盟归绥旧址

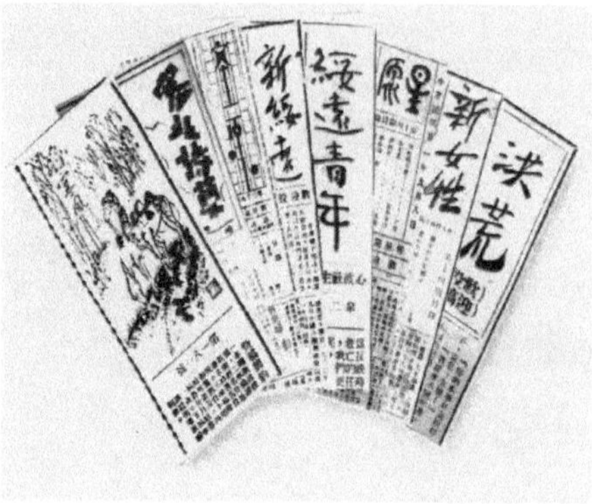

烫、李作栩等。

绥远反帝大同盟首先开展的是读书活动，推荐一些历史、政治方面的书籍，更多的是反对日本帝国主义侵略以及揭露国民党政府消极抗日政策的材料。通过读书活动，提高盟员和进步青年的觉悟，增强反帝斗争的信心。后通过出版刊物《血腥》（第2期改名为《血星》），刊登政论、杂感、诗歌及时事评论等文章，成为揭露日本帝国主义侵略罪行、呼唤人民群众抗日救亡的重要阵地。上海左联的一个刊物称《血星》是“沙漠里的骆驼”，赞扬其在艰苦环境中坚持抗日救亡的宝贵精神。

## 塞原社及其刊物《塞原》

### ——绥远第一个文学团体

绥远反帝大同盟停止活动后，1933年秋，绥远中山学院学生、绥远反帝大同盟盟员杜如薪、武达平、任子良、安吉等人在中山学院创办墙报《塞原》。之后，他们同绥远《社会日报》联系，将《塞原》以副刊名义正式出版。12月，杜如薪、武达平、任子良、袁尘影、袁烙等人发起成立了绥远第一个文学团体——塞原社，每周出版一期墙报。在绥远新闻社记者袁尘影、进步教师李穆女的帮助下，塞原社成为团结爱国青年、进行抗日救亡斗争的文学团体，《塞原》成为宣传抗日救亡的文艺阵地。

1934年冬，塞原社在绥远新闻社举办了绥远文艺界茶会，归绥的大部分文艺社团都参加了，大家彼此交流创作心得、介绍编辑副刊的经验以及朗诵诗歌作品等。这次茶话会成为绥远文艺界影响深远的一件盛事。此外，社团还通过写文章、创作诗歌，表达人民抗日救亡的呐喊。1936年，塞原社成立了塞原社诗歌研究会，出版《塞北诗草》旬刊，发表进步诗作。1937年，归绥沦陷，塞原社也停止了活动。

【内容采撷】

我们自信本刊的使命，是非常重大的。以我们自身而论，整个旅平学会的生命，寄托在里面，二百多留平学生的精神，表现在里面；以地方而论，虽不敢自诩为民众的喉舌，当局的鉴镜，但是对于地方设施，也会有不少的有力的建议，对于一些贪官污吏，也会经过几次杀伐。我们虽然人微言轻，然而本刊的存入，

《塞原》1926年10月第19号

却是关系重大。所以全体同学，在过去秉着一贯的精神前进，未会丝毫松懈。现在绝不敢把负有重大使命的本刊，丧失在我们手里，我们也决不作卑却的逃遁者，只凭着这点精神，继续向前。我们十二分诚恳地盼望着绥远当局，予本社以相当的补助，使本刊得以延续其生命，那么，我们真要三拜九叩首了。

——《塞原》（1926年10月）

百灵庙的剧前，

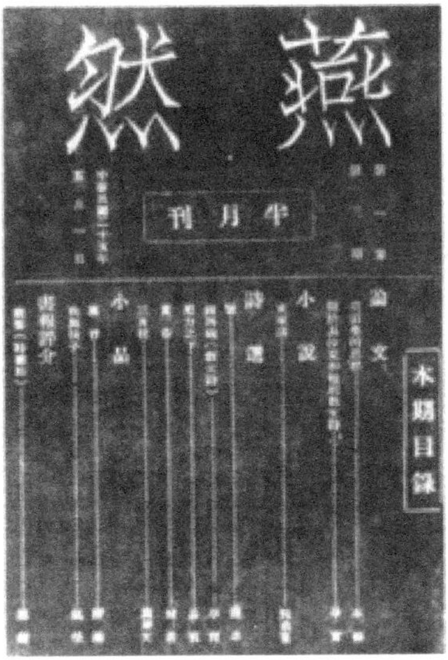

燕然

半月刊

本期目錄

論文

小說

詩選

小品

塞原社出版的文学半月刊《燕然》

綏遠社會日報

悼魯迅先生

不要忘了

第六號

俄國文學史上第一個詩人

《绥远社会日报》

马德里的幕后。

…………

一滴血，一根骨，

架起太平洋的肉桥。

——劼子（韩燕如）《架起太平洋的肉桥》

（《塞北诗草》第6期）

1937年5月，绥远文艺界抗敌协会成立。塞原社负责人霍佩心宣读了协会宗旨：“一、本会以协作之精神，实现绥远文艺界的联合，提高人民抗敌救亡的觉悟，充实救亡力量，推动救亡工作。二、发行定期刊物，把边疆抗敌救亡的真相与意见传达给内地，同时将内地消息报道给边疆的人们。三、举行定期座谈会。”协会的成立标志着绥远文艺界形成了广泛的抗日统一战线。绥远文艺界抗敌协会是全国较早成立的文艺界抗敌组织。

1936年，霍佩心、杨令德、章叶频、武达平、袁尘影等人发起创办文学半月刊《燕然》，并沿用刊名成立了燕然社，霍佩心任主任，成员为当时绥远文艺界重要且活跃的作家。燕然社以宣传和号召民众抗日救亡为主调，与绥远文艺界抗敌协会的宗旨、目的一致，所以，协会将《燕然》作为会刊。《燕然》在绥远文艺界引起了轰动，得到了广大文学青年的关注。七七事变后，《燕然》停刊，燕然社也停止了活动。

## 朋斯克《金色兴安岭》

朋斯克，作家，1930年生，蒙古族，兴安盟科右中旗人。著有长篇小说《伊和塔拉之战》《最后的骑兵》，中短篇小说集《金色兴安岭》《朋斯克中短篇小说选》，以及多部短篇小说。《金色兴安岭》获内蒙古自治区成立十周年文艺创作奖，先后被翻译成朝鲜文和英文推广到国外。

【作品简介】

1954年1月，《金色兴安岭》由人民文学出版社出版；1983年，由人民文学出版社再版发行。《金色兴安岭》描写的是人民解放军歼灭反革命匪帮的故事。1949年初，一股反革命匪帮逃到兴安岭支脉乌珠慕尔沁山盘踞起来，并勾结地主和当地匪徒

《金色兴安岭》，1954年1月，人民文学出版社

伺机反扑。人民解放军内蒙古骑兵部队在草原、山区与敌人展开激战，在极其困难的条件下以顽强的意志和高超的战略战术全歼匪徒。作品显示了人民解放军无坚不摧的战斗力，表现了人民战士对祖国和人民的无比热爱和忠诚。作品中的人物各具个性，故事情节虽然简单却引人入胜。

【内容采撷】

部队出发了，杂乱的马蹄声打破了草原的寂静，蝈蝈的鸣叫

《金色兴安岭》，1954年1月，人民文学出版社

《金色兴安岭》，1983年5月，人民文学出版社

声也停止了……瘦长的乌珠穆沁灰马、高大的枣红烈马、披散鬃毛像一头凶猛狮子似的大黑马、剽悍洁白的走马、肥颤颤的铁青马、海骝马……

——节选自《金色兴安岭》

## 安谧《勇敢的骑兵》

安谧，诗人，1927年生，又名安米，山东阳信人。著有长篇叙事诗《勇敢的骑兵》《戴镣铐的歌》等，诗集《兄弟》《安谧诗选》等，歌剧《威武的骑兵》《骑兵进行曲》等，出版《安谧文集》5卷。作品被翻译成德、英、日等多种文字在国外出版。《勇敢的骑兵》获内蒙古自治区成立十周年文艺创作奖，《骑兵进行曲》获内蒙古自治区成立十五周年文艺创作奖。

**【作品简介】**

长诗《勇敢的骑兵》于1956年由中国青年出版社出版，上海文艺出版社再版，曾在中央人民广播电台配乐朗诵播出。之后，被诗人其木德道尔吉翻译成蒙古文由内蒙古人民出版社出版。

《勇敢的骑兵》，1956年，中国青年出版社

【内容采撷】

朝鲁低下了头
因为他失去了一个勇敢的战友
他把奈曼山找遍
只看到岩石缝里插着乌恩的马鞭
…………
据说在草原喧腾的傍晚
牧民们都望着青石板似的蓝天
战马驮着一个勇敢的骑兵
飞行在星星中间

——节选自《勇敢的骑兵》

## 扎拉嘎胡《红路》

扎拉嘎胡，作家，1930年生，蒙古族，内蒙古科尔沁右翼前旗人。出版《红路》《草原雾》《嘎达梅林传奇》等长篇小说以及多部散文集、论文集。其中，《草原雾》《嘎达梅林传奇》分

别获得第二、三届全国少数民族文学创作长篇小说奖及内蒙古自治区第一、二届文学创作“索龙嘎”奖；《红路》获首届内蒙古自治区文学创作一等奖；《小白马的故事》《亲爱的妈妈》分别获内蒙古自治区文学创作奖；《文苑沉思录》获第五届全国少数民族文学创作评论奖和内蒙古自治区“五个一工程”奖。

【作品简介】

《红路》是扎拉嘎胡于1959年发表的长篇小说。作品通过刻画主人公胡格吉勒图由困惑、徘徊到幡然醒悟，走上革命道路的历程，反映了1947年内蒙古自治区成立前后尖锐、复杂的革命环境，再现了蒙古族青年知识分子在寻求民族解放道路上所经历的思想斗争。

【内容采撷】

一九四七年春天，扎兰屯多雾、阴暗，几乎整天都不见阳光。人们生活在抑郁、彷徨中。

坐落在雅鲁河畔的工业专科学校的师生们，正酝酿着一场令人莫测的斗争。两种势力，两股风头，你来我往，争持不下。

《红路》，1981年，人民文学出版社再版

…………

工业专科学校的学生们，经历了土改的严峻考验，胜利地返回了学校。

学校里充满了青春的活力。处处都洋溢着饱含希望和幸福的歌唱声和欢笑声。

——节选自《红路》

## 云照光《鄂尔多斯风暴》

云照光，作家，1929年生，又名乌勒·朝克图，蒙古族，内蒙古土默特左旗人。著有《云照光电影剧本集》《云照光文艺理论集》《云照光小说散文集》《云照光研究专集》等。出版电影文学剧本《鄂尔多斯风暴》等。发表诗歌、散文、游记及报告文学数百篇。中篇小说《蒙古小八路》获得内蒙古自治区文学戏剧电影创作奖；散文《做人要做这样的人》获内蒙古自治区第二届文学创作“索龙嘎”奖；电影文学剧本《母亲湖》《阿丽玛》获内蒙古自治区艺术创作“萨日纳”奖；电影剧本《阿丽玛》获首届全国少数民族文学创作“骏马奖”。由八一电影制片厂拍摄的《鄂尔多斯风暴》获解放军原总政治部创作嘉奖。

1962，电影《鄂尔多斯风暴》上映

《鄂尔多斯风暴》，1965年12月，上海人民美术出版社第1版

庆祝中国共产党成立90周年百种红色经典连环画《鄂尔多斯风暴》，2011年5月，上海人民美术出版社

**【作品简介】**

《鄂尔多斯风暴》的故事发生在封建王公统治下的内蒙古地区。当时的鄂尔多斯草原上一片阴霾，封建王爷杀害了牧民的亲人——“独贵龙”运动的领袖敖其尔。然而，残酷的镇压扑灭不了牧民心中的仇恨，敖其尔的儿子、年轻一代的牧民乌力吉接受了党的教育，和乡亲们组织起“不出税、不纳捐、要土地”的“独贵龙”运动，肩负起草原解放的命运，领导牧民反抗

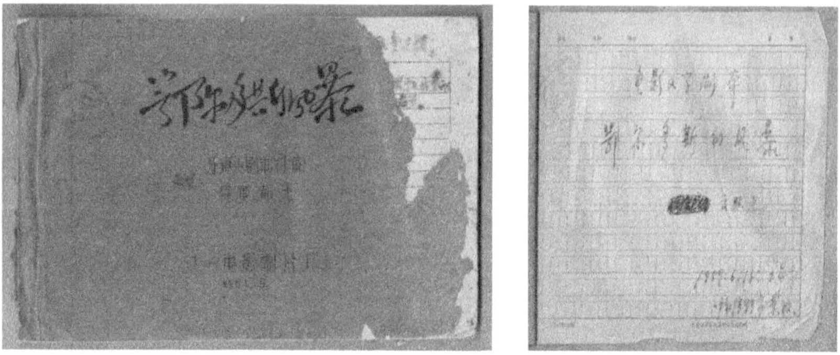

《鄂尔多斯风暴》（手稿图片）

封建王公的剥削统治。

在革命年代，内蒙古牧民乌力吉虽然富有反抗精神，勇于追求真理，但是由于没有斗争经验，没有认识压迫的根源，曾经走过一段弯路。后来，他接受了党的领导，组织了革命的武装斗争，捣毁了封建王爷的城堡，在内蒙古鄂尔多斯草原上，写下了一段可歌可泣的英雄篇章。

1962年，八一电影制片厂拍摄的电影《鄂尔多斯风暴》在全国公映，“鄂尔多斯”这个名字第一次响遍全国。

**【内容采撷】**

狂风怒吼，雪花飘舞，林木呼号，地动山摇。

变得暗淡无光的落日的余晖。

旋转在天空的荒草。

艾笈林拼命地摇摆着，草原掀起巨大的浪涛。

身着蒙古袍的中年人，骑着黑色的烈马，闪电似的从山坡上奔下，驰入浩渺的草原。

“乌——力——吉！乌——力——吉！”

草原上回荡着女人悲哀的呼声。

烈马越过壕沟，跨过河流，又从柳林、艾芨林穿过，奔向一座高高的沙丘。

——节选自《鄂尔多斯风暴》

## 纳·赛音朝克图《狂欢之歌》

纳·赛音朝克图，诗人，1914年生，原名赛春嘎，蒙古族锡林郭勒盟正蓝旗人。著有诗集《我们雄壮的呼声》《红色的瀑布》等，长诗《狂欢之歌》，散文集《沙漠故乡》以及中篇小说集《春天的太阳从北京升起》等。《狂欢之歌》《巴娅玛》获内蒙古自治区文学戏剧电影创作奖。

【作品简介】

抒情长诗《狂欢之歌》发表于1959年，1960年6月出版单行本，同年出版汉译本。纳·赛音朝克图展开了纵情奔放的时空联想，诗中处处洋溢着炙热的感情，表达了对党和祖国的讴歌。

《狂欢之歌》（汉文），1960年6月，作家出版社

【内容采撷】

愿我金色的笔尖
宛如骏马的劲蹄
向前奔驰！

我要诗赞
伟大胜利的
国庆十周年！

愿我舒畅的喉咙

像马头琴一样
铮铮鸣响！

我要歌唱
绚烂光辉的
可爱的祖国！

——节选自《狂欢之歌》

## 乐驼《红泉喷射胜利花——记包钢一号高炉第一次出铁》

乐驼，1931年生，原名王念临，祖籍河南省郾城县。著有长篇小说、报告文学集、散文集及小说集等。

【作品简介】

《红泉喷射胜利花——记包钢一号高炉第一次出铁》是记录包钢一号高炉第一次出铁的纪实文学，收录在1960年出版的《早晨好》（谢泛、乐驼著，内蒙古人民出版社）一书中。

乐驼画像

《早晨好》，1960年，内蒙古人民出版社

1958年4月，包钢一号高炉破土动工，《人民日报》就此发表社论，提出“包钢为全国，全国为包钢”的口号，全国掀起支援包钢的热潮。

1959年9月26日，包钢一号高炉流出第一炉铁水，比原计划提前一年出铁，不仅结束了内蒙古寸铁不产的历史，而且开创了我国少数民族地区工业发展的先河。

《红泉喷射胜利花——记包钢一号高炉第一次出铁》真实记录了包钢一号高炉出铁时的壮观场面，以及包头各族人民群众群情高涨、激动自豪的生动情景，展现了全国支援包钢的革命热情和老一辈建设者战天斗地的创业精神。

【内容采撷】

清晨三点半钟。乳白色的淡雾裹着潮湿的空气，从辽阔的草原上伴着微风慢悠悠地荡进了钢铁大街。

昆都仑区的万幢楼房，这时还在迷蒙中沉睡，多少个幸福的孩子正躺在母亲怀里做着美梦吧，可是，就在这个时候，楼房里的电灯一个接着一个地亮了起来；穿着节日服装的人们，从每一洞大门里走出来，穿过小巷走向大街，走向那人人向往的高炉炼铁场去。

…………

清扫员早已把大街扫得干干净净；洒水车一遍接一遍地又把大街清洗，洗得就好像一片漂白了的布摊在大街上，明晃晃地照得出来人的影子。这条繁忙的大街，它忘记了白天的疲劳，在成串的路灯照耀下露出笑脸，殷勤地接待着它的主人，让那些欢乐的人流，让那些结满彩绸的汽车从它身上通过。它好像也懂得人们要去办一件大喜事似的，随着人的脚步，发出了音乐般的“喳喳、喳喳”的响声。

我挤在这欢乐的人群里，挑起胸膛，迈开大步，迅速地往前走。

在十字路口上，我听见背后响起一阵“丁零、丁零”的响声；接着一辆脚踏车擦着我的身边飞跑过去。我看见这辆车上骑着两个人。蹬车的是一位五十多岁的老人，前面坐着一位小姑娘，她打扮得很齐整，脸上仿佛还擦了胭脂，最引人注意的是她手里攥着一个足有脚踏车轮子大小的花环。她闪动着圆溜溜的两只大眼睛，望着她爸爸（我想蹬车的一定是她的爸爸）好像说：您骑快点吧，不要误了我开会呀。

可不是嘛小姑娘，千万不能耽误了，这是我们包头人向往了多么久的一次大会呀！

我想也许就是昨天下午吧，这位小姑娘的爸爸从高炉上砌完了最后一块“合门”砖，走回家去兴致勃勃地对他女儿说 ，孩子，知道吗？ 明天高炉就要出铁了。于是他的妈妈，为了把女儿打扮得漂漂亮亮的赶去开会，也许忙了一夜没有睡觉；一大早就把他们叫起来了。

…………

我们包钢有多少个父亲、母亲和孩子，为了让高炉提前出铁，他们不辞劳苦地在工地上，在锅头边，在学校里不声不响地进行劳动。他们都有一个共同的心愿：高炉呀，你早一天出铁吧！

我望着他们父女二人去远的背影，有一股热流冲上心头，我真想追上去把他们叫住，我相信，他们会给我讲出最动听的故事来。

…………

第一炉铁水，是在九月二十六日早晨五点五十五分流出来的，一共用了将近一个小时的时间出完。

当出铁口被电气化的“泥炮”封住之后，天已经渐渐亮了。晨光从四处漏进了出铁场，这时电灯渐渐变黄，人们也渐渐平静下来。

我们从出铁厂里走出来，只见场房四周全被人群和红旗包围住。这是来自厂矿的代表，来自各区的市民，他们虽然没有亲眼看见第一炉铁引为终生遗憾，但是当他们看到苏谦益书记和其他首长从扶梯上走下来的时候，人群里响起了风暴般的掌声。

一台披红挂绿的火车头，从高炉身旁穿进出铁场下面，司机用极慢的速度把铁水罐挂上钩。两位白衣白帽的炉前工威风凛凛地站在机车最前面的踏板上。火车一声长鸣，缓缓地开动了，向铸铁机室开去。霎时间，成百成千的人们随着火车撵来。车开多快，人跑多快，好像这台机车不只是拉着铁水罐，而是用无形的引力，紧紧牵住了这千万颗淳朴的心。

突然，在那紧紧追车的人群里，有一位手持花环的小姑娘在往前奔跑，我猛然想起了，这不就是我早晨碰到的那位小姑娘吗？她爹爹为什么不用车驮她呢？

小姑娘不顾一切地往前跑，不小心被一块石头绊倒了，那只大花环也被抛得远远的，可是她没有哭，又连忙爬起来，拾起花环又往前跑。我急忙跑过去想把她拉住一起跑，免得她再摔跤，不料这时站在火车上的那位炉前工人却高声喊道：

“小红，快跑呀，爸爸在前边等你！”

小姑娘答应着，跑得更加快了。这时候我看见那位站在机车上的工人向小红招手。

那位工人足有五十岁了，他留着苍白的八字胡，这胡子的颜色正和他那套工作服的颜色相协调。因为那白色的工作服已经被刚才那一场战斗染成灰白颜色了。

机车把第一炉铁水运到机械化铸铁机室。当铁水倒向铸铁槽的时候，大青山顶上射出万道光芒，火红的太阳腾空而起！铁水和太阳互相映照，满天变成了红色。人们再也无法把这同样鲜红的红色分开了。

——节选自《红泉喷射胜利花——记包钢一号高炉第一次出铁》

## 杨植霖　乔明甫《王若飞在狱中》

杨植霖，1911年生，曾用名王士敏、雨三等，呼和浩特市土默特左旗人。著有革命回忆录《王若飞在狱中》，诗集《凯歌》《两地集》，诗歌小说集《青山儿女》《青山欲晓》等。

《王若飞在狱中》是老一辈革命家杨植霖与乔明甫共同编著的革命回忆录，首次发表于文学刊物《草原》上，后结集成书，成为爱国主义、共产主义的教育读本。

**【作品简介】**

王若飞，中共早期优秀党员，杰出的无产阶级革命家。他少年时期投身革命，把自己的一切都交给了党和国家。王若飞曾先后赴日本、法国、苏联留学，是中国共产党旅欧总支部的发起者和负责人之一。

王若飞曾说：“一个人把个人生命看得比国家民族的利益，比阶级利益还重要，这样的人无论如何是不能寄托以重任的”，“如果今天，我能为真理，为广大劳苦大众而死，我会含笑以赴。”他还说：“共产党人为党的利益牺牲一切，以至生命，就是最崇高的品质！”这些话语今天读来仍旧掷地有声。

“死里逃生唯斗争，铁窗难锁钢铁心！”作为一名共产党员，他时时不忘与敌人做斗争。在绥远（今呼和浩特市）监狱中，面对种种残酷虐待和恶劣的生活、医疗环境，他组织难友展开斗争。他教大家识字，帮助他们提高文化水平，增长知识，了解革命道理。他教他们学法语、俄语，还用拉丁语出墙报，秘密宣传革命真理。

1931年，在绥远地区开展地下革命活动的共产党员杨植霖被逮捕，在狱中参加了由王若飞同志领导的对敌斗争。他将王若飞

《王若飞在狱中》，1961年，中国青年出版社

在监狱中的生活及信件内容都记录在自己的日记本中，后来根据这本日记，与乔明甫合作出版了《王若飞在狱中》。这本日记手稿真实记录了王若飞在近6年的铁窗生涯中不屈不挠、坚持革命斗争的历程，展现了他为革命事业奋斗、坚守革命理想的共产党人的光辉形象。

**【内容采撷】**

关于王若飞同志在敌人监狱斗争的英雄事迹，我有责任把它写出来，让人们从中得到教益。在我没写出以前，每次想起来，总感到无限的惭愧和不安。我常常想，在那黑暗的年代，他能够那样不惜生命地英勇斗争，给内蒙古各族人民以极大的影响和鼓舞，难道在今天我连篇回忆录都写不出来吗？在这种思想的责备

陈列在内蒙古博物院展柜中的《铁窗怒吼》手稿

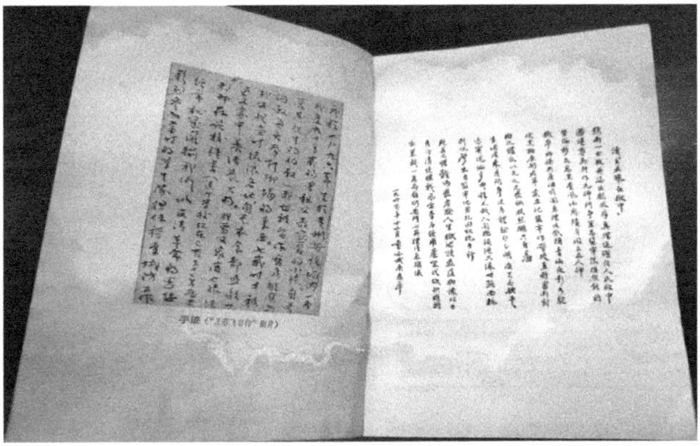

《王若飞在狱中》扉页：手迹（《王若飞自传》断片）、董必武《读王若飞在狱中》

和驱使下，我下定决心，要把我能够回忆起来的，写成专册，给青年朋友们送个礼物。但是，几年以来，一则因我工作忙迫，费了很大力气，写不成章；再则，因我笔秃，不能把若飞同志的动人事迹尽情表达，因而迟迟完不成夙愿。当党的四十周年即将到来的时候，回忆过去，展望将来，更加使人振奋。每逢想起若飞同志，总会感到无限的鼓舞和勇气。在中国青年出版社的不断关怀和协助下，这篇回忆录总算写出来了，因而我也稍稍得到些安慰。

若飞同志在敌人牢狱中度过了五年零七个月。其中有四年多在绥远狱中，有将近一年在太原狱中。因为限于自己的见闻，我所写的只是他在绥远狱中的一段。他在太原狱中的战斗生活，乔明甫同志另外写了一篇。在征得明甫同志的同意后，把两篇收在一起，就可以看出若飞同志狱中斗争的全貌了。

…………

若飞同志以革命乐观主义的战斗精神，战胜了牢狱里恶劣的生活环境，赢得了健康。同时，也鼓舞和帮助难友和同志们获得了胜利。为了进一步提高大家的斗争热情，他写了一篇游戏式短文——《生活在微笑！》。他用诙谐的笔调，描写了难友们生活斗争得胜的情景，指出了生活里充满了斗争，热烈地歌颂了难友们的斗争热情。他指出：生活不是枯萎，而在向我们微笑！在文章的最后，他以振奋人心的两句诗结尾：

死里逃生唯斗争，

铁窗难锁钢铁心！

—— 节选自《王若飞在狱中》

## 巴·布林贝赫《生命的礼花》

巴·布林贝赫，诗人、评论家，1928年生，蒙古族，赤峰市巴林右旗人。著有诗集《黄金季节》《生命的礼花》等。《生命的礼花》《那仁格日勒的孩子》获内蒙古自治区文学戏剧电影创作奖，《诗歌寻觅者的札记》《荒冢》获内蒙古自治区文学创作“索龙嘎”奖，《命运之马》《心声寻觅者的札记》获全国少数民族文学创作奖。

**【作品简介】**

《生命的礼花》是少数民族抒情长诗中的创新之作。全诗704行，分忆旧、新生、团结、颂歌4章，描写了蒙古族人民在旧社会的苦难和反抗斗争，以及新中国成立后的新生和欢欣，歌颂了中国共产党的领导，说明了民族团结的重大意义。

**【内容采撷】**

太阳升起了，

绿叶舒展了。

《生命的礼花》，1962年，作家出版社

从我看到那
阳光的照射时，
就开始构思起来。

从我看见那
绿叶的舒展时，
就开始酝酿起来。

从那时，就从那时，
我把青春的智慧，
开始积累起来。

今天我要唱出
早已沸腾的心声——
共产党的颂歌！

——节选自《生命的礼花》

## 贾漫《春风出塞》

贾漫，诗人、散文家，1933年生，河北黄骅人。著有诗集《贾漫诗选》《献给马背上的民族》，诗体小说《野茫茫》，散文集《我的樱桃园》，传记文学《诗人贺敬之》，报告文学《沧海一粟》等。《献给马背上的民族》获内蒙古文学戏剧电影创作一等奖，《野茫茫》《蒙古高原》获内蒙古自治区文学创作“索龙嘎”奖。

**【内容采撷】**

麦子熟了的时候，
大后套金海漫漫，
葡萄爬蔓的时候，
大后套珠光闪闪，
请记住民工的力量吧，
它能够改地换天。

——节选自《春风出塞》

《春风出塞》，1963年，
百花文艺出版社

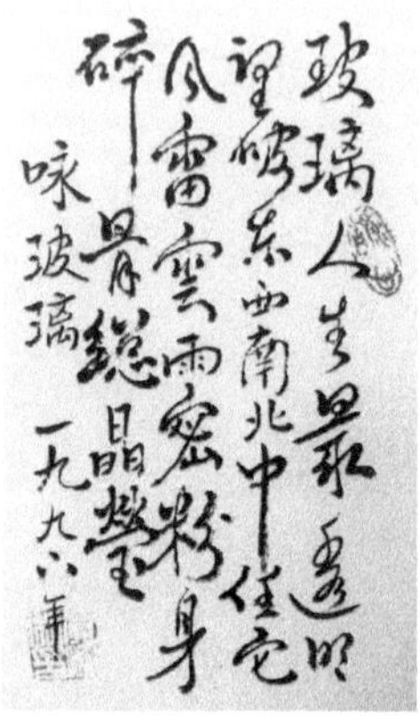


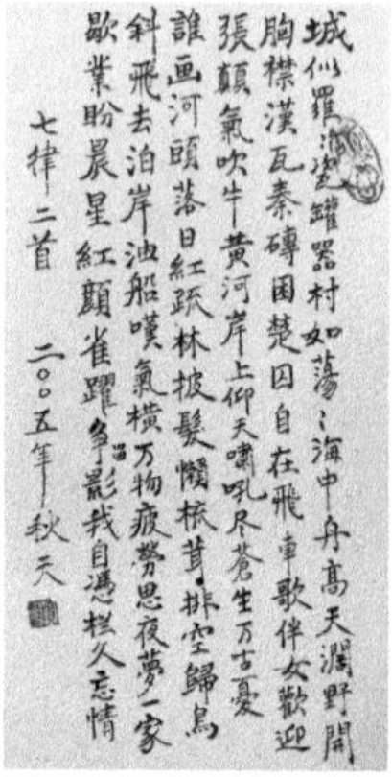


贾漫书法作品

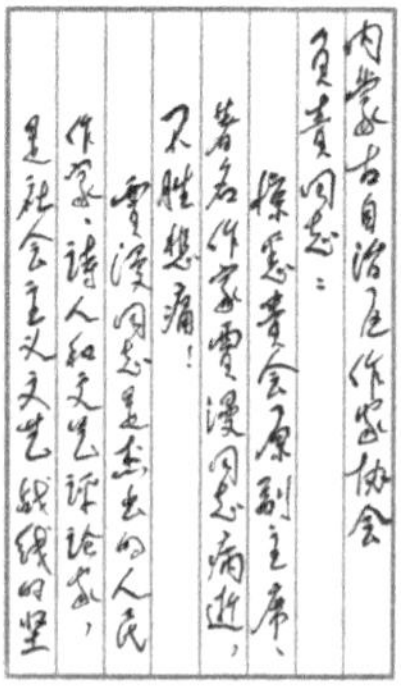

呼和浩特
内蒙古自治区作家协会
负责同志：
惊悉贵会原副主席、
著名作家贾漫同志病逝，
不胜悲痛！
贾漫同志是杰出的人民
作家、诗人和文艺评论家，
是社会主义文艺战线的坚

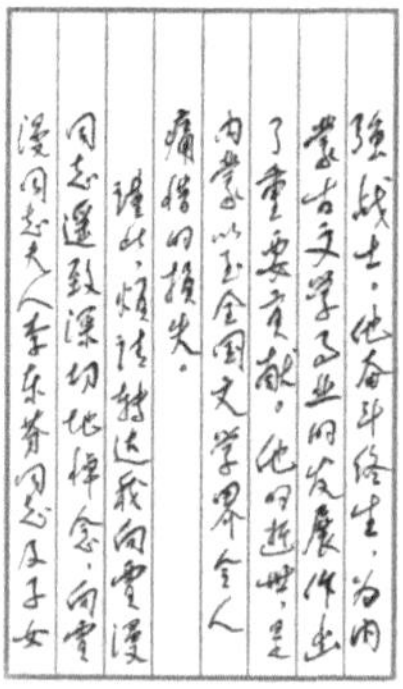

强战士。他奋斗终生，为内
蒙古文学事业的发展作出
了重要贡献。他的逝世，是
内蒙古以至全国文学界令人
痛惜的损失。
谨此，特请转达我向贾漫
同志遗致深切地悼念，向贾
漫同志夫人李东芬同志及子女

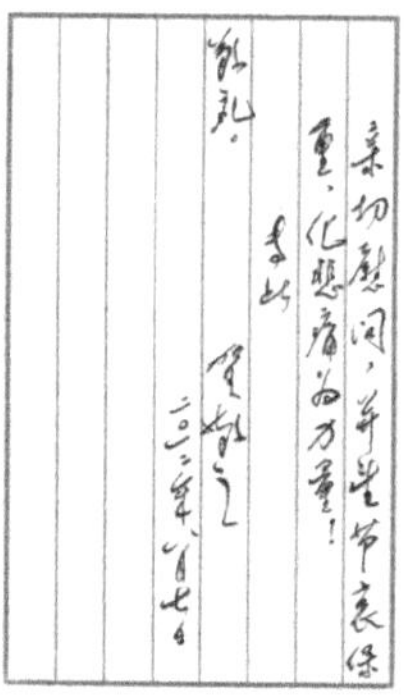

亲切慰问，并望节哀保
重，化悲痛为力量！
专此
敬礼
二〇一二年八月七日

贾漫书法作品

## 贺政民《玉泉喷绿》

贺政民，作家，1939年生，祖籍山西省河曲县，后居内蒙古自治区鄂尔多斯市。著有长篇小说《玉泉喷绿》《七月雨》《黄河儿女》，短篇小说《奇人趣事七题》等，书法作品集《贺政民自选集》《贺政民自书诗词集》等。中篇小说《北方寡妇》获内蒙古自治区第二届文学创作“索龙嘎”奖。

《玉泉喷绿》，1963年，作家出版社

**【作品简介】**

长篇小说《玉泉喷绿》是贺政民的代表作，也是自治区文学史上的名篇之一。小说以生动、朴素的语言，饶有兴趣的情节以及鲜明、亲切的形象，描写了农业合作化初期社会主义思想在战胜资本主义思想的过程中曲折、复杂的斗争，歌颂了建设者们大公无私、艰苦奋斗、自力更生的精神，展现了贫下中农青年在阶级斗争的风浪中逐渐成长的历程。书中不仅洋溢着坚定的革命乐观主义精神，更烘托出社会主义新农村朝气蓬勃的景象。

【内容采撷】

搬运石头的社员们，就像两股水，一股从山上流下来，一股又从山下冲上去：有背筐的，也有挑担的，还有拿杠子抬的；有男的，有女的，有年轻力壮的，也有白胡白鬓的。下山的全都汗爬满面，嘎咕嘎咕地挑着担子赶路；上山的一个个喜笑颜开，山曲儿和欢笑声编成了带子，一条接一条地飘在山道上。

——节选自《玉泉喷绿》

## 杨啸《红雨》

杨啸，作家，1936年生，河北肃宁人。著有短篇小说集《小山子的故事》，长篇小说《红雨》《鹰的传奇三部曲》，长诗

The Making of a Peasant Doctor
《红雨》(英文版) Yang Hsiao
HONG YÜ
YANG XIAO
紅 雨
—ある少年はだしの医者の物語
楊 嘯

《红雨》各种版本封面

《红雨》各种版本封面

《红雨》各种版本封面

《草原上的鹰》，寓言诗集《幽默寓言故事精选》等60余部作品。儿童长篇小说《鹰的传奇三部曲》获内蒙古自治区文学创作“索龙嘎”奖、“宋庆龄儿童文学奖”；短篇小说集《小山子的故事》获内蒙古自治区文学戏剧电影创作奖、全国儿童文学创作奖；短篇小说《爷爷和草原》获陈伯吹儿童文学奖。

【作品简介】

山区某大队少年红雨看到旧社会的药铺掌柜孙天福倒卖假药、刁难贫下中农，便立志做个赤脚医生。孙天福为了把住全村的医疗大权，也提出要当赤脚医生，并且得到了大队长的同意。于是，在谁当赤脚医生的问题上，二人进行了一番斗争。红雨在党支书和群众的支持下，进了赤脚医生训练班。

孙天福为夺取医疗阵地，抓住红雨一次滞针之事，大造谣言。红雨和他反复斗争，同时在实践中不断提高医疗技术，得到越来越多的群众的信任。孙天福不甘心失败，偷偷在红雨给石匠爷喝的药里下了巴豆霜。红雨及时抢救，石匠爷脱险。红雨经过调查，弄清了事情真相。孙天福见事情已败露，就在红雨回村的路上动刀行凶。经过一场搏斗，孙天福落水被擒。通过这场阶级斗争，大队长受到了教育，红雨也在风浪中成长起来。

1972年，《红雨》首次发行就印刷了200多万册，并被译成英、法、德、日、朝鲜等多种文字。

【内容采撷】

弯弯的月儿，像是金色的小船，在蔚蓝的天海上航行；

银亮的星儿，像是明净的笑眼，在高高的天幕上眨动；

小桃树枝杈上那一串串紫红色的花骨朵，在温馨的春风中，开放了鲜艳的花朵……

在明亮的电灯下，红雨捧着那《白求恩的故事》，认真地读着，读着。

他觉得：他的心里，是这样充实；

他的眼前，是这样明亮……

——节选自《红雨》

## 张长弓《草原轻骑》

张长弓，作家，1931年生，山东省青州市人。著有长篇小说《漠南魂》《青春》《昨夜星辰》等，中篇小说集《草原轻骑》《红柳》等，短篇小说集《张长弓小说选》等，电影文学剧本《蒙根花》（合作）等。《边城风雪》《凌晨》获内蒙古自治区

《草原轻骑》，1973年，天津人民出版社

文学戏剧电影创作奖，《漠南魂》《昨夜星辰》获内蒙古自治区文学创作“索龙嘎”奖。

【作品简介】

中篇小说《草原轻骑》描写了活跃在内蒙古地区的乌兰牧骑的战斗生活。作品通过讲述新成立的乌兰牧骑宣传队深入群众、扎根基层，努力宣传马列主义、毛泽东思想的事迹，塑造了全心全意为人民服务的乌兰牧骑队长钢普力布等英雄形象，热情地赞扬这支红色文艺宣传队全心全意为人民服务的革命精神。

【内容采撷】

骑兵跨过草原，
前方炮火连天；
战士冲锋陷阵，
拨开浓雾硝烟。
战马蹄不停，
进军号不断；
战士高擎革命红旗，
永远向前、向前！

这是解放战争初期我人民解放军骑兵部队的一支战歌，轻声唱着这熟悉的、雄赳赳的歌，钢普力布完全沉湎于往昔战斗生活的回忆里了。

…………

“我们一定牢记毛主席的教导，在革命的征途上，奋勇向前！”钢普力布代表乌兰牧骑全体队员和乡亲们告别。乌兰牧骑重整队伍出发了，他们踏着雪，顶着风，带着毛主席的教导和牧民们的嘱托，大步向前走去。

——节选自《草原轻骑》

## 照日格巴图《铁骑》

照日格巴图，作家，1932年生，蒙古族，辽宁省建昌县人。著有长篇小说《铁骑》《姑娘与强盗》《草原锋镝》等，中篇小说集《一个失踪的人》《洁白的玫瑰》，短篇小说集《骑兵爱战马》《金色的西拉木伦河》《草原骑兵》《照日格巴图小说选》等。《铁骑》获内蒙古文学戏剧电影创作奖。

【作品简介】

《铁骑》以一个骑兵连队的战斗生活为背景，描写了解放战争时期，中国人民解放军骑兵与步兵部队并肩作战，在内蒙古草原上消灭国民党反动派的战斗故事。小说描述了苦大仇深的蒙古族战士哈日巴拉，在党的教育下迅速成长为共产主义战士的过

《铁骑》，1980年，内蒙古人民出版社

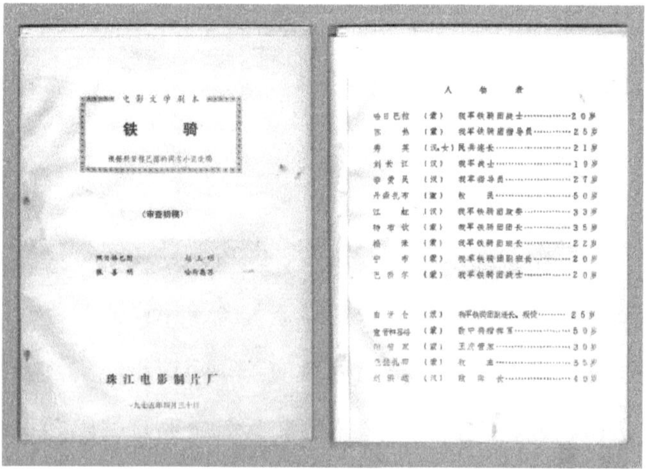


《铁骑》，1974年，内蒙古人民出版社

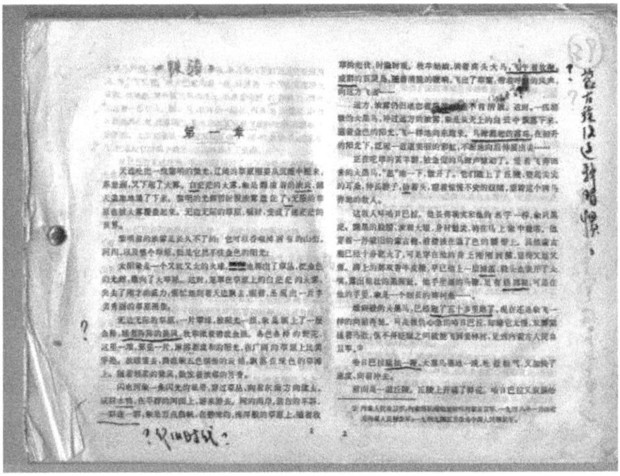

《铁骑》（剧本、校对稿）

程；着力刻画了哈日巴拉、苏热、李爱民、丹森扎布、刘长江等英雄人物的形象。作品歌颂了党的民族政策，歌颂了民族团结。

【内容采撷】

一个骑兵师，几千匹战马，扬起铁蹄，跳过沟壑，越过土坎，如同咆哮的洪流，以排山倒海之势，从四面八方向敌群涌去。战士们伏在马背上，眼里冒着火星，盯着敌人，挥舞着军刀。几千把军刀，银光闪闪，耀眼刺目，满天飞旋。战马扬起的沙尘，遮天蔽日，使天色昏暗起来了，马蹄踏得草地在颤，震得阿拉坦乌拉山在抖！

“缴枪不杀！”

“解放军优待俘虏！”

战场上到处是骑兵战士的喊杀声。哈日巴拉催着大黑马，冲下丘陵，迎着敌人射来的枪弹，从跪在地上举起枪的敌人头上，凌空而过，冲进了敌群。

哈日巴拉一见这些敌人，新仇旧恨，一齐涌上心头。他抡起军刀，向那些顽抗的敌人砍去。

——节选自《铁骑》

## 王磊《大刀歌》

王磊作家、诗人，生于1928年，山东聊城人。著有诗歌《白依玛》《大刀歌》，诗歌集《王磊诗选》，长篇叙事诗《大刀歌》《马背上的歌》，长篇纪实文学《闪光的足迹》《石光华的故事》，随笔散文集《瘦园萍踪》等。

**【作品简介】**

《大刀歌》是一部歌颂麦新烈士的叙事长诗。

《大刀歌》，1978年，内蒙古人民出版社

麦新是我国革命音乐家，著名的《大刀进行曲》就是他的作品。

长诗《大刀歌》以饱满的革命激情、昂扬的气势、高亢的音调、朴实的语言歌颂了麦新战斗的一生，概括了麦新忠于党、忠于人民的崇高品质，再现了一个无产阶级先锋战士、人民艺术家的光辉形象，有较强的艺术感染力。

【作品背景】

1937年，“卢沟桥事变”的第二天，中共中央向全国发出通电，主张坚决抗日，“为保卫国土流尽最后一滴血”。同一天，第二十九路军二一九团组织了一个150人的敢死队，每个人大刀1把，手枪1支，手榴弹4枚，冲入敌阵。刀光闪耀在敌群中，很快就收复了卢沟桥。大刀队19岁的陈永德，杀敌9名，缴获13支枪。第二十九军大刀队的威名就此远扬，带给中国人民抗战的决心和必胜的信心。

【内容采撷】

哦，延水悠悠，

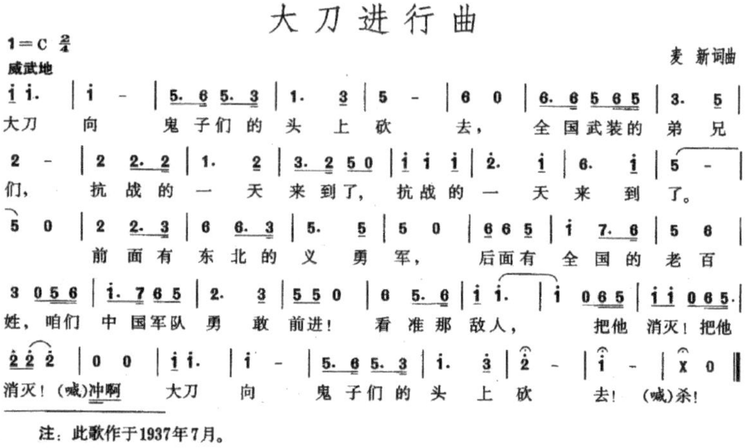


歌曲《大刀进行曲》

老麦活在咱心头。

哦，辽河荡荡，

英雄战歌千秋万代唱！

我爱大刀也爱歌，

刀光歌声紧结合，

战歌声声如刀闪，

刀光闪闪声声歌。

英雄刀歌不分离，

刀光歌声传正气。

英雄刀歌两不分，

歌声刀光见麦新。

——节选自《大刀歌》

## 敖德斯尔 斯琴高娃《骑兵之歌》

敖德斯尔，作家，1924年生，蒙古族，赤峰巴林右旗人。著有长篇小说《骑兵之歌》（合作），中篇小说集《草原之子》，中短篇小说集《遥远的戈壁》等。《草原民兵》获内蒙古自治区纪念《在延安文艺座谈会上的讲话》发表10周年文艺创作奖；《草原之子》获内蒙古自治区成立10周年文艺创作奖；《阿力玛斯之歌》获内蒙古自治区文学戏剧电影创作奖；《蓝色的阿尔善河》《月亮湖的姑娘》获内蒙古自治区文学创作“索龙嘎”奖；《骑兵之歌》《月亮湖的姑娘》获全国少数民族文学创作“骏马奖”。

【作品简介】

解放战争中，一支英雄的蒙古族骑兵部队，在祖国北疆草原上粉碎了国民党反动派破坏人民革命的阴谋，用鲜血和生命换来了草原的春天。

作品通过鲜明的形象、曲折的情节、幽默的风格，描绘了草原人民取得民主革命胜利的光辉历程，赞扬了蒙古族人民为祖国做出的卓越贡献，歌颂了党的民族政策的伟大胜利。

《骑兵之歌》，1979年，人民文学出版社

【内容采撷】

灿烂的阳光，照耀着解放了的大草原和环抱着它的巍峨的山峰。骑兵的战旗呼啦啦卷着东风，旗杆尖上银光闪烁，壮观而肃穆。它好像召唤着战士们投入猛烈的战斗。

人民骑兵像一条拖不垮、打不烂的钢铁锁链，在起伏的原野上挺进。

——节选自《骑兵之歌》

## 玛拉沁夫《茫茫的草原》

玛拉沁夫，作家，1930年生，蒙古族，辽宁省阜新蒙古族自治县人。1951年，创作短篇小说《科尔沁草原的人们》，在《人民文学》上发表。在此后半个多世纪的文学生涯中，他笔耕不辍，代表作品有长篇小说《茫茫的草原》（上、下部），中篇小说集《第一道曙光》，短篇小说集《花的草原》《春的喜歌》《活佛的故事》，散文集《远方集》《想念青春》《玛拉沁夫小说散文选》，电影文学作品《草原晨曲》《沙漠的春天》和《祖国啊，母亲》等。部分作品被译成英、俄、日、法等文字。

【作品简介】

《茫茫的草原》是一部反映内蒙古人民斗争生活的极具历史意义和社会价值的长篇小说，分为上、下两部。作品讲述的故事发生在抗战胜利后的内蒙古察哈尔草原，当时国民党发动全面内战，内蒙古地区动荡不安。内蒙古人民跟谁走、向何处去的问题，成为社会各种矛盾的焦点。当时，摆在内蒙古人民面前有几条道路：一是中国共产党领导蒙古族人民走民族解放、实现民族区域自治和民主改革的道路。明安旗骑兵中队就是在共产党领导

《茫茫的草原》，1987年，作家出版社

下建立的人民武装力量。二是部分反动分子依附于国民党反动势力，出卖民族利益，剥削人民大众，企图恢复封建特权统治。最终，中国共产党领导内蒙古人民取得了民族民主革命的伟大胜利，并于1947年5月正式成立了党领导的第一个民族区域自治政府——内蒙古自治政府。

玛拉沁夫以马克思主义世界观和方法论为指导，站在国家和时代的高度，通过对各种人物命运的描写，深刻揭示只有在中国共产党的领导下，内蒙古各族人民紧密团结在一起，以革命武装斗争去夺取民族解放的胜利，才是内蒙古人民的根本出路。

《茫茫的草原》（上、下部）荣获第四届全国少数民族文学评奖长篇小说奖，并被列入中国当代长篇小说“红色经典”系列；荣获内蒙古自治区成立十周年文学一等奖，彰显着文学经典恒久的文学价值和独特的艺术魅力。

**【作品背景】**

抗日战争胜利后，内蒙古社会乃至中国社会出现了不同政治势力对峙、交锋的局面。国家的前途，民族的命运，阶级矛盾与民族矛盾的交织，在特古日克村的生活中体现出来。

**【内容采撷】**

1946年春天一个寒冷多雾的早晨，蒙古族青年铁木尔骑着马背着一支大枪回到了他的家乡，白雪覆盖的察哈尔草原上的明安旗特古日克村。铁木尔是牧民的儿子，父母死后，大富户瓦其尔收养了他。他厌恶瓦其尔的自私和虚伪，便搬到老猎人道尔吉家中。道尔吉教他打猎，把他培养成一个机警、勇猛、枪法好的猎人。道尔吉的女儿、美丽的斯琴和他相爱了。一年多以前，贡郭尔把他抓去当劳工。他先是在呼和浩特给人盖兵营，后来到四子王旗给一家牧主放牧。八路军到了四子王旗，他又给八路军喂了一个多月的马。八路军对他很好……

——节选自《茫茫的草原》

## 萨仁托娅　杜拉尔·梅《草原之子——廷·巴特尔》

萨仁托娅，作家，女，蒙古族。著有长篇小说《静静的艾敏河》，长篇报告文学《草原之子——廷·巴特尔》（与人合作），纪实文学《牛玉儒——一个人和他热爱的土地》，剧本集《牧野无歌》。

杜拉尔·梅，作家，原名杜梅，女，鄂温克族，内蒙古呼伦贝尔人。出版民间故事集《鄂温克民间故事》、散文集《在北方丢失的童话》、长篇报告文学《草原之子》（合著）、中短篇小说集《银白的山带》等。其中，短篇小说《木垛上的童话》获全国第三届少数民族文学奖特别奖，散文集《在北方丢失的童话》获全国第六届少数民族文学骏马奖，短篇小说《风》获内蒙古自治区文学创作“索龙嘎”奖。

【作品简介】

廷·巴特尔出生于1955年，曾任内蒙古自治区锡林郭勒盟阿巴嘎旗萨如拉图亚嘎查党支部书记。1974年，高中毕业的廷·巴特尔作为下乡插队知青，来到距呼和浩特市1000多公里、靠近浑善达克沙地边缘的萨如拉图亚嘎查当了牧民。

廷·巴特尔的父亲廷懋是中华人民共和国成立后全国人大常委会和国务院第一批授衔的内蒙古自治区4位少将之一。作为将军之子，廷·巴特尔仍多次主动放弃返城机会，舍弃舒适安逸的城市生活和个人发展机遇，心甘情愿地扎根草原40余年。廷·巴特尔历任嘎查长（村委会主任）、嘎查党支部书记，充分发挥自己的学识，不断引导牧民转变思想观念，改变传统的畜牧业生产经营方式，指导牧民科学养畜，勤劳致富，带领全嘎查走出一条让牧民致富和草原添绿和谐并进的新路。

《草原之子——廷·巴特尔》中少有豪言壮语、名人语录或华丽辞藻，有的只是朴实、真情和奉献。从将军之子到草原之子，原为插队知青的廷·巴特尔将自己的青春和汗水奉献给萨如

《草原之子——廷·巴特尔》，2002年，内蒙古科学技术出版社

《草原之子——廷·巴特尔》，2002年，内蒙古科学技术出版社

拉图亚大草原。他选择了草原，爱上了草原，并且始终如一，矢志不渝。

【内容采撷】

## 在草原深处，有位将军之子

锡林郭勒盟萨如拉图亚嘎查有一位下乡28年的将军之子，名叫廷·巴特尔。只要你走进嘎查的任何一个蒙古包，牧民们都会情不自禁地对你讲述他的故事。

## 成长路上，挥之不去的记忆

厄运就是这样，在你猝不及防的时候，从天而降，廷·巴特尔一下子从“将军的儿子”变成了“黑帮崽子”。

## 这一次的选择，就决定了他今生的缘

廷·巴特尔更加意识到，如今自己所获得的牧民的尊敬和爱戴都得益于父母亲从小对他的影响。

## 牧民是他最好的老师

廷·巴特尔跟道布钦苏荣在萨如拉图亚草原上苦苦追寻了三天，才把队里的马找回来。但是这三天，对于廷·巴特尔来说却受益匪浅，他不仅经受住艰苦环境下意志的磨砺，也从道布钦苏荣这个优秀的草原牧人身上获得了宝贵的野外生存的经验。

## 草原不仅有他放不下的事业，还有他割舍不了的情

廷·巴特尔谈到萨如拉图亚草原牧民的贫困状况和决心带领牧民摆脱贫困的想法后，父亲非常高兴。他说：“我们革命了一辈子，就是为让老百姓过上富裕安康的幸福生活，你有这样的想法太好了，爸爸支持你。”

## 做新时期的新牧民

健康的文化生活不仅使人与人之间的关系拉近了，无形中也加强了党支部的凝聚力。

## “我永远是草原人民的儿子”

他说：“草原上的鹰也有飞走的时候，而我廷·巴特尔今生今世要永远和你们在一起！”

贡斯玛额吉拨开众人走到廷·巴特尔面前，她什么都没说，只是捧起廷·巴特尔的脸，在他的额头上深深一吻……

廷·巴特尔的眼睛湿润了，他觉得自己又回到了母亲的怀抱。

——节选自《草原之子——廷·巴特尔》

附录

## 内蒙古红色文化资源名录

| 全国重点文物保护单位 | | | | |
|---|---|---|---|---|
| 序号 | 名称 | 时代 | 批次 | 地址 |
| 1 | 美岱召 | 明 | 第四批 | 包头市<br>土默特右旗 |
| 2 | 乌兰夫故居 | 清至中华民国 | 第六批 | 呼和浩特市<br>土默特左旗 |
| 3 | “独贵龙”运动旧址 | 清 | 第六批 | 鄂尔多斯市<br>乌审旗 |
| 4 | 贝子庙（中共锡察巴乌工委旧址） | 1919—1921 | 第六批 | 锡林郭勒盟<br>锡林浩特市 |
| 5 | 百灵庙起义旧址 | 1936 年 | 第六批 | 包头市达尔罕茂明安联合旗 |
| 6 | 内蒙古自治政府<br>成立大会会址 | 1947 年 | 第六批 | 兴安盟<br>乌兰浩特市 |
| 7 | 中国共产党内蒙古工作委员会办公旧址 | 1947 年 | 第七批 | 兴安盟<br>乌兰浩特市 |
| 8 | 集宁战役旧址 | 1946 年 | 第八批 | 乌兰察布市<br>集宁区 |

| 自治区重点文物保护单位 | | | | |
| --- | --- | --- | --- | --- |
| 序号 | 名称 | 时代 | 批次 | 地址 |
| 1 | 巧尔气召革命遗址 | 1925 年 | 第一批 | 呼和浩特市玉泉区 |
| 2 | 王若飞同志革命旧址 | 1931 年 | 第一批 | 包头市东河区 |
| 3 | 德胜沟革命活动旧址 | 1938—1941 | 第一批 | 呼和浩特市武川县 |
| 4 | 贾力更烈士故居 | 近现代 | 第二批 | 呼和浩特市土默特左旗 |
| 5 | 荣耀先烈士故居 | 近现代 | 第三批 | 呼和浩特市土默特左旗 |
| 6 | 多松年烈士故居 | 清 | 第三批 | 呼和浩特市新城区 |
| 7 | 李裕智烈士纪念塔 | 1981 年 | 第三批 | 呼和浩特市托克托县 |
| 8 | 中共三段地工委旧址 | 近现代 | 第三批 | 鄂尔多斯市鄂托克前旗 |
| 9 | 乌兰夫同志办公旧址 | 近现代 | 第三批 | 兴安盟乌兰浩特市 |
| 10 | 贺龙革命活动旧址 | 近现代 | 第三批 | 乌兰察布市凉城县 |

| | | | | |
|---|---|---|---|---|
| 11 | 麦新烈士纪念碑、馆 | 近现代 | 第三批 | 通辽市<br>开鲁县 |
| 12 | 柴胡栏子烈士陵园 | 近现代 | 第三批 | 赤峰市<br>松山区 |
| 13 | 五原抗日烈士陵园 | 1942 年 | 第四批 | 巴彦淖尔市<br>五原县 |
| 14 | 土默特文庙大成殿<br>（土默特高等小学校<br>旧址） | 清 | 第四批 | 呼和浩特市<br>玉泉区 |
| 15 | 呼和浩特财神庙<br>（绥蒙抗日救国会旧址） | 清 | 第四批 | 呼和浩特市<br>玉泉区 |
| 16 | 福徵寺<br>（中共包头工委旧址） | 清 | 第四批 | 包头市<br>东河区 |
| 17 | 高凤英故居 | 1909—1929 | 第四批 | 呼和浩特市<br>新城区 |
| 18 | 满洲里红色国际秘密<br>交通线遗迹 | 1920—1937 | 第四批 | 呼伦贝尔市<br>满洲里市 |
| 19 | 绥西抗日动委会旧址 | 1938 年 | 第四批 | 呼和浩特市<br>武川县 |
| 20 | 巴总窑子李井泉<br>司令部旧址 | 1938—1939 | 第四批 | 包头市<br>土默特右旗 |
| 21 | 王震井 | 1944 年 | 第四批 | 鄂尔多斯市<br>鄂托克前旗 |
| 22 | 内蒙古日报社旧址 | 1947—1955 | 第四批 | 兴安盟<br>乌兰浩特市 |

| | | | | |
|---|---|---|---|---|
| 23 | 内蒙古自治区政府一号办公楼 | 1955 年 | 第四批 | 呼和浩特市新城区 |
| 24 | 宝日乌拉额济纳旗旗政府旧址 | 1958 年 | 第四批 | 阿拉善盟额济纳旗 |
| 25 | 东风航天城导弹综合试验基地（1 号、2 号、50 号发射场，东风革命烈士陵园） | 现代 | 第四批 | 阿拉善盟额济纳旗 |
| 26 | 巴图湾革命旧址（巴图湾革命旧址、巴图湾中共乌审旗委办公旧址） | 中华民国、中华人民共和国 | 第五批 | 鄂尔多斯市乌审旗 |
| 27 | 草原英雄小姐妹旧居陈列馆 | 中华人民共和国 | 第五批 | 包头市达尔罕茂明安联合旗 |
| 28 | 北方兵器城 | 中华人民共和国 | 第五批 | 包头市青山区 |
| 29 | 包钢一号高炉 | 1958 年 | 第五批 | 包头市昆都仑区 |
| 30 | 耳沁尧村毛主席纪念碑 | 1976 年 | 第五批 | 包头市土默特右旗 |
| 31 | 关起义烈士纪念碑 | 1947 年 | 第五批 | 锡林郭勒盟正蓝旗 |

**全国爱国主义教育示范基地**

| 序号 | 名称 | 地址 |
|---|---|---|
| 1 | 乌兰夫纪念馆 | 呼和浩特市回民区 |

| | | |
|---|---|---|
| 2 | 内蒙古革命烈士陵园 | 呼和浩特市<br>新城区 |
| 3 | 内蒙古博物院 | 呼和浩特市<br>新城区 |
| 4 | 内蒙古民族解放纪念馆 | 兴安盟<br>乌兰浩特市 |
| 5 | 中国共产党内蒙古工作委员会办公旧址 | 兴安盟<br>乌兰浩特市 |
| 6 | 内蒙古自治政府成立大会会址（“五一”会址） | 兴安盟<br>乌兰浩特市 |
| 7 | 内蒙古自治政府办公旧址 | 兴安盟<br>乌兰浩特市 |
| 8 | 乌兰夫同志办公旧址 | 兴安盟<br>乌兰浩特市 |
| 9 | 世界反法西斯战争海拉尔纪念园 | 呼伦贝尔市<br>海拉尔区 |
| 10 | 大青山抗日游击根据地旧址 | 呼和浩特市<br>武川县 |
| 11 | 王若飞纪念馆 | 包头市<br>东河区 |
| 12 | 集宁战役纪念馆 | 乌兰察布市<br>集宁区 |

| 全国红色旅游经典景区 | | |
|---|---|---|
| 序号 | 景区名称 | 地址 |
| 1 | 乌兰夫故居 | 呼和浩特市<br>土默特左旗 |
| 2 | 乌兰夫纪念馆 | 呼和浩特市<br>回民区 |
| 3 | 大青山抗日游击根据地旧址 | 呼和浩特市<br>武川县 |
| 4 | 满洲里红色国际秘密交通线教育基地 | 满洲里市 |
| 5 | 内蒙古自治区政府成立纪念地（内蒙古民族解放纪念馆、“五一”会址、乌兰夫办公旧址、中国共产党内蒙古工作委员会办公旧址、内蒙古自治政府办公旧址） | 兴安盟<br>乌兰浩特市 |
| 6 | 世界反法西斯战争<br>海拉尔纪念园 | 呼伦贝尔市<br>海拉尔区 |
| 7 | 绥蒙革命纪念馆 | 乌兰察布市<br>凉城县 |
| 8 | 田家镇惨案遗址 | 乌兰察布市<br>凉城县 |
| 9 | 集宁战役红色纪念园 | 乌兰察布市<br>集宁区 |

| 国家级旅游景区 | | | | |
| --- | --- | --- | --- | --- |
| 序号 | 名称 | 等级 | 评定年份 | 地址 |
| 1 | 满洲里中俄边境旅游区 | AAAAA | 2016年 | 呼伦贝尔市满洲里市 |
| 2 | 美岱召旅游区 | AAAA | 2013年 | 包头市土默特右旗 |
| 3 | 内蒙古博物院 | AAAA | 2015年 | 呼和浩特市新城区 |
| 4 | 北方兵器城 | AAAA | 2006年 | 包头市青山区 |
| 5 | 呼伦贝尔市布苏里北疆军事文化旅游区 | AAAA | 2013年 | 呼伦贝尔市鄂伦春自治旗 |
| 6 | 城川红色文化旅游区 | AAAA | 2018年 | 鄂尔多斯市鄂托克前旗 |
| 7 | 老牛坡红色文化旅游区 | AAAA | 2019年 | 呼和浩特市清水河县 |
| 8 | 东风航天城旅游区 | AAAA | 2017年 | 阿拉善盟额济纳旗 |
| 9 | 贝子庙旅游景区 | AAAA | 2008年 | 锡林郭勒盟锡林浩特市 |
| 10 | 二连浩特国门旅游景区 | AAAA | 2019年 | 二连浩特市 |

| | | | | |
|---|---|---|---|---|
| 11 | 乌兰夫纪念馆旅游区 | AAAA | 2018 年 | 呼和浩特市<br>回民区 |
| 12 | 世界反法西斯战争<br>海拉尔纪念园 | AAAA | 2008 年 | 呼伦贝尔市<br>海拉尔区 |
| 13 | 包钢工业旅游景区<br>（包括包钢 1 号高炉） | AAA | 2017 年 | 包头市<br>昆都仑区 |
| 14 | 贾力更烈士纪念馆<br>红色旅游区 | AAA | 2019 年 | 呼和浩特市<br>土默特左旗 |
| 15 | 麦新纪念馆景区 | AAA | 2008 年 | 通辽市<br>开鲁县 |
| 16 | 内蒙古民族解放纪念馆 | AAA | 2020 年 | 乌兰浩特市 |
| 17 | 抗联英雄园 | AA | 2010 年 | 呼伦贝尔市<br>阿荣旗 |
| 17 | 呼伦贝尔市<br>中东铁路博物馆 | AA | 2010 年 | 呼伦贝尔市<br>扎兰屯市 |
| 19 | 柴胡栏子烈士陵园 | AA | 2015 年 | 赤峰市<br>松山区 |
| **早期革命刊物、红色题材文学作品** | | | | |
| **序号** | **作品名称** | **作者<br>（创办者）** | **出版年代、<br>出版单位（出版地）** | |
| 1 | 《蒙古农民》 | 多松年、<br>乌兰夫、奎璧 | 1925 年创刊，北京 | |

| | | | |
|---|---|---|---|
| 2 | 《火坑》 | 杨令德 | 1925 年创刊，北京 |
| 3 | 《塞风》 | 杨令德 | 1926 年创刊，北京 |
| 4 | 《绥远旅平学会学刊》 | 绥远旅平同学会 | 1919 年创刊，北京 |
| 5 | 《血星》 | 杜如薪、苏谦益 | 1931 年创刊，归绥 |
| 6 | 《塞原》 | 杜如薪、武达平、任子良、安吉等 | 1933 年创刊，归绥 |
| 7 | 《金色兴安岭》 | 朋斯克 | 1954 年出版，1983 年再版，人民文学出版社 |
| 8 | 《勇敢的骑兵》 | 安谧 | 1956 年，中国青年出版社出版，上海文艺出版社再版 |
| 9 | 《红路》 | 扎拉嘎胡 | 1959 年出版，1981 年人民文学出版社再版 |
| 10 | 《鄂尔多斯风暴》 | 云照光 | 1965 年，上海人民美术出版社 |
| 11 | 《狂欢之歌》 | 纳·赛音朝克图 | 1960 年，作家出版社 |
| 12 | 《红泉喷射胜利花——记包钢一号高炉第一次出铁》 | 乐驼 | 1960 年，内蒙古人民出版社 |

| | | | |
|---|---|---|---|
| 13 | 《王若飞在狱中》 | 杨植霖、乔明甫 | 1961 年，中国青年出版社 |
| 14 | 《生命的礼花》 | 巴·布林贝赫 | 1962 年，作家出版社 |
| 15 | 《春风出塞》 | 贾漫 | 1963 年，百花文艺出版社 |
| 16 | 《玉泉喷绿》 | 贺政民 | 1963 年，作家出版社 |
| 17 | 《红雨》 | 杨啸 | 1972 年，人民文学出版社 |
| 18 | 《草原轻骑》 | 张长弓 | 1973 年，天津人民出版社 |
| 19 | 《铁骑》 | 照日格巴图 | 1980 年，内蒙古人民出版社 |
| 20 | 《大刀歌》 | 王磊 | 1978 年，内蒙古人民出版社 |
| 21 | 《骑兵之歌》 | 敖德斯尔、斯琴高娃 | 1979 年，人民文学出版社 |
| 22 | 《茫茫的草原》 | 玛拉沁夫 | 1987 年，作家出版社 |
| 23 | 《草原之子——廷·巴特尔》 | 萨仁托娅、杜拉尔·梅 | 2002 年，内蒙古科学技术出版社 |

说明：附录《内蒙古红色文化资源名录》为内蒙古自治区

范围内红色文化资源的初步调研情况统计，所列各级文物保护单位、各级爱国主义教育示范基地以及全国红色旅游景区名称均以国务院及内蒙古自治区各级人民政府、中央宣传部和内蒙古自治区宣传部公布名单为准。

# 后　记

在中国共产党团结带领中国人民实现第一个百年奋斗目标、向全面建成社会主义现代化强国的第二个百年奋斗目标进军的新征程中，为庆祝党的二十大胜利召开，内蒙古社会科学普及专项重点项目成果《内蒙古红色文化资源》一书付梓，正式与广大读者见面。

内蒙古是一片红色热土，是中国共产党较早开展革命工作的少数民族地区之一，也是中国共产党领导下成立的第一个少数民族自治区。在这片辽阔的土地上，内蒙古各族群众在中国共产党的领导下开展了轰轰烈烈的新民主主义革命运动、社会主义革命、改革开放和中国特色社会主义建设，形成了具有地域特色的红色文化。深入研究内蒙古红色文化资源，挖掘红色文化的精神内涵，对于更好地弘扬革命精神、传承红色基因、赓续红色血脉具有重要的学术价值和现实意义。

在本书编撰过程中，编者做了大量深入细致的调研和资料收集整理工作，力求通过客观翔实的史料、珍贵丰富的图片，运用历史纪实的笔法记述重要的红色文物及相关革命人物事迹，让内蒙古红色文化焕发时代光彩。全书选取内蒙古自治区具有代表性的红色文化资源，选配珍贵的图片资料，图片大部分选自各红色场馆官网及内蒙古党史网，个别图片由内蒙古自治区文物局提供。

在本书编撰期间，恰逢中共内蒙古自治区委员会党史和文献研究室著《中国共产党内蒙古历史　第一卷（1921—1949）》和内蒙古自治区文物局、内蒙古自治区文物保护中心编《内蒙古红色文化遗产》正式出版发行，为本书提供了更加权威的支持和参考。同时，本书的编撰得到了内蒙古自治区社会科学界联合会领导的悉心指导。内蒙古自治区文化和旅游厅有关处室、乌兰夫纪念馆等红色场馆和景区有关负责人等对本书给予了大力支持，在此一并表示衷心感谢。书中引用资料、图片的来源难免遗漏，在此敬请原作者海涵，如涉及版权，请与编者联系。

由于编者能力和水平所限，时间仓促，书中不当和缺漏之处在所难免，敬请广大读者批评指正。